水陸奇緣

——17個生命大和解的故事

|靈鷲山水陸研究編纂小組　編著|

目錄

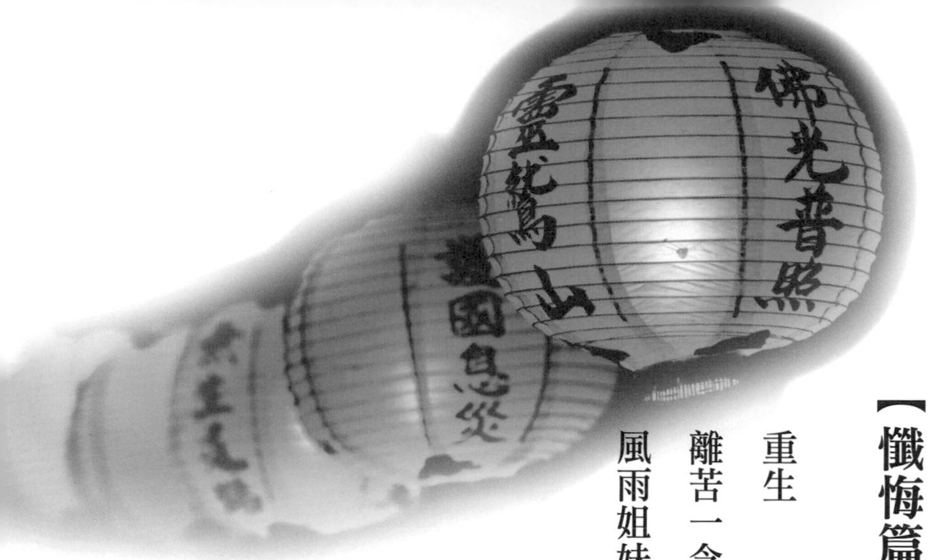

【懺悔篇】謙卑懺悔，轉識成智

【尊重篇】尊重博愛，和諧共存

【利生篇】廣結善緣，利益眾生

參考資料

來自編輯室

無窮的宇宙，綿邈的歲月，幾劫幾世以來，恆河沙數的生命不斷在因果中輪迴，在善惡是非中翻滾糾纏。迷失了本性，錯過了覺機；以至於累世受業報所苦，仍無所悟。縱具難得人身，存活世間，徒受六識牽引，浮沈欲海塵濤。殊不知累世所行所為，無論善惡，都會留存於記憶的種子中，牽引著每個人的因緣果報。而徹底了除這些因緣果報，便是生命由迷轉悟，由識轉智，邁向覺境的第一步。水陸法會可說是藉由佛法的引領，讓有情眾生得以了除因緣果報的盛典。眾生於此中放下恩怨，不再與煩惱、迷惑相互糾纏。

關於水陸法會的著作，或考源流，或陳儀軌，或析義理，皆有所當。然而本書主要呈現的，是參與水陸法會的故事，以及由故事引發出來，對於水陸法會的生命意義的反思。不虛述儀軌，不空陳理論，實實在在地從參與者出發，將他們的故事呈現在讀者面前。

靈鷲山多年來舉辦水陸法會，參與的功德主相當多，也往往會分享自身的生命體驗。雖云素材不少，然仍需加以整理，方能成秩。本書由靈鷲山出版社規劃編輯，將師兄姐們參與法會的故事加以改寫出版，全書分為「孝親」、「懺悔」、「尊重」與「利生」四大篇章，選取十七個在信眾間廣為流傳的生命故事，改寫成短文。各篇短文在記述故事主文之餘，皆以靈鷲山開山和尚心道法師的開示作為指導。同時綴以詞語解釋，並設計議題，提供個別讀者或團體作為省思、相互驗證及討論之用。其目的，主要在於彰顯常人如你我的心靈與生命，透過水陸法會所能造成的提升與改變，以及這樣的改變對於人生的幫助。

另外，各篇故事人物皆化隱其真名，一來由於文中鋪陳之處，多依情節而生，可免讀者各指其實，徒增無謂評議；二來由於或有事涉私密者，略隱當事者之名，可免尷尬之情。雖然各篇的情節、敍述或有略加刪改，然而感應的內容皆本於靈鷲山師兄姐之親歷。世法隨緣變現，皆若幻境，本書出版目的，主要在闡明水陸法會所內涵的生命教育意義，若有改作不周之處，還望讀者海涵。

心道法師說：「舉辦水陸法會的目的是為了搭建一座平台，使眾生透過這個平台去做溝通、去做解冤解業的工作。」本書所收錄的故事，就是眾生透過這個平台進行溝通、解除冤業的實際呈現。

期望讀者藉由本書，與書中的師兄姐一起進行一趟水陸法會之旅。

相信無論對心靈或生命，都是難得的體驗。

孝親篇

孝親敦倫，慎終追遠

水陸法會是一個尊重祖先的法會，更是一種倫理、傳承的象徵，當我們社會越有倫理次序，整體就會越好。當我們越重視倫理，祖先就越有靈，我們也越吉祥如意，時來運轉，所以水陸超度會讓我們善緣具足，不但能表達我們的孝道，還能讓家庭和合，順緣多，逆緣少，帶來一整年的順利吉祥。

慈母的掛念

春暖花開，燦爛的陽光從窗外灑了進來。阿蘭（化名）靜靜地坐在窗邊，屋裡空空蕩蕩的，而她的視線始終不離手中那幀相片。相片中留影的是位僧人，他是阿蘭的小兒子，出家後法號道安（化名）。道安師從小便喜歡探究關於人生的問題，例如：生前從哪裡來？死後往哪裡去？人來世間究竟有何意義？輪迴又是什麼？……等等，往往問到阿蘭回答不出來。他性格善良、樂於助人，三十多歲時，在一個偶然的機緣下認識了靈鷲山教團，並親身參與水陸法會。法會內壇的清淨、莊嚴，使他一見便生出無邊讚嘆；而水陸法會將一切眾生視作生生世世的父母，加以普度的慈悲精神，更使他深受感動與震撼。經此之後，當時仍在家的道安師，便熱心推廣水陸、學習佛法，第二年成了授證委員，接引更多人參與水陸。

身體並不強健的道安師在某次大病後，深感人生短暫無常，於是決意出家。他對阿蘭說：「媽！人身難得，正法難求，得聞佛法是莫大的福報，我希望出家專心修行。」阿蘭雖然不捨，但見其求法之意堅定，也只能祝福他順利修行，如願得法。匆匆數年過去，某日清晨道安師忽然感到腹中不適，到醫院檢查才發現罹患癌症，腫瘤已經大到壓迫其他器官。病後一年，道安師便離開了人世。

道安師往生後，阿蘭心中一直難捨，總牽掛道安師在另一個世界是否安好；想起道安師種種好處，更是悲傷思念不已，常常向人訴說往日母子相處的溫馨情景。而只要有遇見心道法師的機會，她便會詢問道安師的現況。心道法師總是慈悲而不厭其煩地回答：「他在上面很好，不用掛心。」阿蘭又問現在能為他做些什麼，心道法師說：「繼續替他報名水陸法會就可以了。」聽了心道法師的話，阿蘭想起道安師也常告訴她水陸法會的功德廣大，莫非道安師冥冥之中也希望她接觸水陸、學習佛法？於是阿蘭報名水陸法會，不僅超薦祖先及往生的親人，更在念經、繞佛、施食等佛事中學習懺悔業障、供養諸佛與六道一切眾生，長養慈悲心。雖然她年事已高，仍不辭辛勞，七天所有儀式都秉持至誠全程參與。而除了報名水陸外，阿蘭自己也加入靈鷲山水陸法會的志工行列，協助布置會場等工作。

有一天，阿蘭從鄰居處聽說有個觀音亭的尊者問事很準，心繫道安師的阿蘭便在家人的陪伴下到觀音亭。阿蘭才寫了「靈鷲山釋道安」六個字交給尊者，尊者便說：「他不在人間，不在地府，而是在蓮池海會的圍牆邊。」這個回答引發阿蘭心中疑問，於是她問道：「為什麼只能在圍牆邊？不能到裡面去嗎？」尊者說：「此人雖皈依佛門，潛心修行，然而先捨父母離開人世，所以要先在蓮池海會圍牆邊懺悔，一直到自身懺罪清淨，才能入內聽經聞法，繼續修行。」阿蘭接著問：「那要怎麼幫他呢？我們家人念經迴向給他可以嗎？」尊者回答道：「你們家人德行不夠，自己念經迴向，對他幫助不大。要找一個德行具足的人，替他做水陸法會。如此一來，最快百日之內，最慢三年，一定可以進入蓮池海會中。」阿蘭因此更堅信水陸法會的功德不可思議，續報了該年水陸。

水陸圓滿後，阿蘭再到觀音亭請教同樣的問題。此時尊者雙手先高高舉起，表示禮敬、讚嘆，接著面露笑容對阿蘭說：「道安師很好！他現在頭上戴著五方佛冠啊！」聽了尊者的描述，阿蘭眼中泛著淚光，雙手緊握，露出了她自道安師捨報後第一抹安心的微笑。

心道法師的話

讓亡者學習佛法，可以使他們獲得靈性的安定；而生者學習佛法，則會心安理得。爲什麼要參加水陸法會？就是爲了讓靈性得到安定，透過眞心懺悔來安定我們的靈魂。

親情在西方船中盪漾

柔芳（化名）是長女，打小時候起，身為佛教徒的爺爺就對她備加疼愛。而柔芳也是家中的開心果、解語花，每每將長輩們逗得樂不可支。

讀小學時，柔芳喜歡聽故事。農曆七月時電視播出放水燈並介紹目連救母故事。暗夜中的點點燈火，順著海流漸漸漂遠，盪漾在漆黑的海面上，令人感到一切是那麼平安而溫馨。柔芳問爺爺放水燈的由來，爺爺說這是中元節普施儀式之前，要引領各方孤魂前來享用盛宴的照路燈。

柔芳讀高中時，外公去世。她問爺爺：「人死後往何處去？出生前又從何處來？」爺爺說：「每個宗教有不同的說法，不過在佛教中，真正有修行的能得佛接引，前往西方極樂世界；有情眾生則隨其所造之業，在六道之中輪迴。」柔芳接著問：「外公常常在念佛及抄經，那他應該是到西方極樂世界去囉？」爺爺答：「如果功德圓滿，因緣具足，自然得以享此福報。」

爺爺讀書很勤，博學多聞，可以說是柔芳的活字典，柔芳常找他問民俗活動與佛教故事。有一年，又是中元節，許多宮、廟、寺、觀，甚至公司行號，都熱熱鬧鬧地辦祭祀活動。爺爺跟柔芳說：「中元普度雖然相當熱鬧，但是若論莊嚴盛大，感動人心的，當屬水陸法會。」在柔芳大學畢業那年，有一天傍晚，爺爺忽感身體不適，家人趕快叫救護車。但還沒到醫院，爺爺便因心肌梗塞撒手人寰。

畢業後，柔芳從事翻譯工作，每天都有解讀不完的洋文。每當壓力大、心情煩時，她就把爺爺教她的《心經》拿出來念，讓自己澄心淨念，忘卻塵俗煩慮。有一回，當她在公車上念《心經》到一個段落時，旁邊一位師姐問她：「小姐，妳喜歡讀佛經啊？」柔芳說：「是啊，讀佛經可以讓我心神安定，思慮清明。」師姐說：「那妳佛緣很深，很有福報喔！最近靈鷲山啟建水陸法會，我可以帶妳參加，親自體驗看看。」柔芳想起爺爺曾提到水陸法會的殊勝，因此問清時間、地點，就特別請假到桃園巨蛋參加。

一到佔地寬廣、布置莊嚴的法會現場，柔芳便心頭一震，明白這不同於一般中元節的拜祭活動。正在遲疑該往哪邊走時，公車上認識的那位師姐走了過來，面帶微笑地跟柔芳說：「跟我來！」她先帶柔芳去更衣後，便往內壇走去。「可以到內壇嗎？」柔芳問。師姐說：「現在還沒結界，我先帶妳去感受一下。結界以後就只有功德主在佛事期間能進入內壇了。」柔芳看到內壇莊嚴盛大的佈置，心中的震撼難以言喻。

法會開始後，柔芳和師姐都在外壇誦經。莊嚴的佛事，衝擊著柔芳的心靈。在法會中，柔芳似乎更堅定了學佛的道路。

法會的第三天早上，工作人員在內壇外的走道上準備「發符」，柔芳看著鮮豔的紙人、紙馬，忽然覺得這些紙紮的人、馬，眼睛中透著神采，好像真的準備出發了。這時候她一個念頭閃過腦際：「應該可以請爺爺、外公一起過來。」便拿起手機，打給媽媽：

「水陸法會相當莊嚴盛大，我們要不要報名外壇，超度外公跟爺爺呢？」媽媽隨即說：「這個機會相當難得，趕快去報名。」於是柔芳趁著空檔，到報名處填表，報名處的師姐熱心地為她說明表格中應該填寫的內容，並囑咐寫好後，還要到大門口念召請文。柔芳問師姐：「為什麼要念召請文呢？」師姐說：「念召請文才能把歷代祖先、冤親債主請過來，讓他們參加燄口，接受施食。」

報名超度爺爺和外公後，柔芳仍然在水陸法會的現場忙碌著。午後，柔芳的左眼忽感痠澀疼痛，而且一直流眼淚，便先回台北，讓醫生診療。沒想到過了大約四十分鐘，眼睛的疼痛、流淚都消失了。坐在車上一路回到台北，都沒有任何異狀。原本柔芳以為是自己這幾天沒睡好，身體太累，是眼睛在抗議了。但如果是這樣的話，不可能沒來由地就好了啊？柔芳心想：「也許這是爺爺和外公已經領受了施食，讓我有所感應吧！」

而在圓滿送聖那天，巨蛋的大門口停著一艘巨大的紙船——西方船，上有紙紮的鎮壇大將軍護持，準備奉送亡靈往生極樂。柔芳看著載著爺爺和外公牌位的西方船即將啟航，於是心中默想著：「爺爺、外公，你們放心往西方淨土去吧！我會好好照顧爸爸、媽媽，孝順他們的。」一想到這裡，兒時的點點滴滴一齊湧上心頭。眾人念佛聲中，熊熊的火焰像滾滾的海浪，瞬間吞噬了西方船及許多牌位，法會的一切均歸於寂滅。在火光中，柔芳彷彿看到外公和爺爺向她搖手微笑。

心道法師的話

我們透過水陸法會讓歷代祖先及冤親債主歡喜離苦，讓他們解冤、解業。在法會中，我們內心也必須如實地去觀想、感覺。在送聖的時候，我們要觀想歷代祖先、冤親債主，跟隨阿彌陀佛坐上西方船直達西方，請他們不要流連在這個娑婆世界，在苦海裡交煎、糾纏、苦惱、沉悶。觀想他們坐著西方船直達西方，到達極樂、永不退轉。

父女情深

在靈鷲山舉辦的水陸法會中，梅香（化名）多年來一直都在香積組默默服務。香積組的菜餚，都是師兄姐自行發心栽種的。每年翻土播種之前，師兄姐們都會虔心祝禱：「諸佛菩薩：我們現在要種的菜，是靈鷲山水陸法會結緣供眾的香積，希望憑藉佛菩薩們的威靈神力，讓菜蟲口下留情，不要把這些菜吃掉。」

說也奇怪，這些供作水陸香積的蔬菜，年年都長得沃若青翠，不見絲毫蟲蟲咬蟻嚙的痕跡。

更有一年，在水陸法會之前，連續三個颱風來襲。風停雨霽後，師兄姐們發現供應水陸香積的菜圃絲毫無損，反觀其他菜圃，都淹在水裡，一片狼籍，菜葉橫陳滿地。

上述這些事蹟，梅香耳熟能詳。然而，梅香自身所經歷的，卻更加神奇……話說一九九一年左右，當時梅香是個普通的上班族。不知何故，常常徹夜難眠。長期失眠不只令她白天無法集中精神，影響了工作，甚至連日常作息都亂了。問朋友、找醫生，用盡各種方法都不見成效。精神狀況變得越來越差，為了治病，看遍桃園地區名醫。

有一天，梅香從醫院出來，身體疲憊不堪。正準備攔車時，一個帶小孩的婦人走過梅香身旁，恰好跟她同時舉手攔車。婦人一看梅香，驚訝地說：「小姐，妳病得不輕，我介紹妳一個中醫師，讓他看看。」說著拿出一張中醫診所名片，並送梅香上計程車。隔天，梅香在父親陪伴下來到診所，在候診時，一位中年婦女走過來關心，並跟梅香提議說：「你應該去找靈鷲山的心道法師。靈鷲山正在桃園巨蛋辦水陸法會，你們趕快去。」

梅香與父親馬上趕往桃園巨蛋，一問之下，才知心道法師已經離開，前往國際路了。梅香一家人也趕緊往國際路方向找去，終於在一位師姐家見到了心道法師。法師一看到梅香就說：「我知道你們追我追得很辛苦。」梅香合十，淚水不斷湧出。心道法師注視著她說：「你先皈依，然後念一百零八部《慈悲三昧水懺》。」梅香當下皈依心道法師，回家後恭敬地一遍遍持誦《水懺》，並依法做迴向。誦完二十一部時，梅香開始主動想進食，接著可以輕鬆地坐起來；不久後，竟漸能行走如常。等一百零八部《水懺》圓滿，梅香回靈鷲山見心道法師，她已能自己一步步走階梯爬上山。

好不容易恢復健康，梅香又開始家庭、工作兩頭忙。此時的她，已成為相當虔誠的佛教徒。

然而命運給梅香的考驗不僅於此。數年後，梅香的父親病倒住院，梅香與家人商量後，在請醫生醫治的同時，也幫爸爸報名參加水陸法會。

水陸法會啟建，梅香到內壇誦經念佛。沒想到，她一跪坐下去就站不起來。在法會進行時，她不斷嘗試著要站立，但下半身就是僵直而不聽使喚，一動也不動。「怎麼辦？從腰部以下整個冰冷僵硬，要怎麼完成今天的功課，幫爸爸消災解厄呢？」梅香焦慮又緊張，但下半身就是動不了。一直到法師拿大悲水為她灑淨，她才終於能漸漸站起來。法師對她說：「妳的祖先中，有人正在寒冰地獄受苦。」梅香在憂愁之餘，當下便發願：「若我爸爸的病能痊癒，還有在寒冰地獄受苦的祖先們能往生善道。我一定盡我所有力量，護持靈鷲山。」

口誦佛號之時，一位師姐來到梅香身邊，原來是月娥（化名），她也是在靈鷲山皈依的師姐。月娥看她滿面愁容，便說：「不如回山上抽籤？看能否有幫助妳父親和祖先的方法。」因此兩人在法會結束後，即啟程上靈鷲山。祖師籤詩開示要梅香當水陸委員，服務眾生。就這樣她開始募款，也幫忙招募功德主。某晚，梅香夢見自己在郵局開的帳戶，竟不斷湧入匯款。或許，這就是心道法師常說的：「當委員，就是在修福、修慧，累積福德資糧。」

心道法師說：「水陸法會是廣結善緣、冥陽兩利的勝會。」不論是什麼身份，進到水陸法會的壇場，就是在做接緣和利益眾生的志業，為自己累積現在與未來的福德資糧。梅香至今仍持續勸募水陸，希望讓更多人得到幫助。

心道法師的話

人生就是一個很大的苦，因爲苦，所以我們要學佛。怎麼樣才能夠眞正地離苦得樂？要從發心開始，發心用我們的能力，去做一些回饋，我們要感恩歷代祖先與冤親債主。

父親最珍貴的遺物

裊裊的香煙，隨著陣陣的誦經聲，迴盪在屋中；屋裡的人們神情哀淒地跟著跪拜、念佛號。父親突然往生，慧貞（化名）心裡一時無法接受，思緒也亂糟糟的。幸好靈鷲山的師兄姐遠從台北趕赴台南為父親助念，這才讓慧貞的心安定下來。家在台南的慧貞，父親長年擔任靈鷲山的志工。慧貞在父親的喪禮上看到師兄姐們熱心相助，也啟動了她自己與靈鷲山的因緣。

慧貞一直想為突然往生的父親做功德，在師姐的建議下，先為父親點七佛燈，方便諸佛菩薩來接引父親。接著助印善書，希望父親長具智慧；供養三寶，希望父親得遇善知識；濟貧則是希望父親福澤綿長。她也與其他七個兄弟姐妹吃齋、誦經，守靈滿七七。這些如果沒有來自靈鷲山師兄姐的指點與協助，很難圓滿，慧貞是點滴在心頭。因此，她決定照著師兄姐的建議，報名靈鷲山的水陸法會。

一切準備就緒，沒想到在法會開始前幾天，慧貞竟夢見無量的冥界眾生來請託，希望能攜同他們參加水陸法會，一同修法。但慧貞心想：「這是我第一次報名，許多細節都不是很了解，怎麼有辦法幫助這些幽冥眾生呢？」儘管她一再誠懇地請他們找其他有經驗的師兄姐帶領，但他們仍執意跟隨。慧貞為了不負幽冥眾生的請託，便在法會前放下一切俗務，專心研讀儀軌，並向其他師兄姐請教法會禁忌等事項，以期能如法如儀、帶著最虔誠的心打水陸。

水陸法會期間，慧貞隨著主法法師禮拜，經過不知多少次的起、跪，她的雙膝又紅又腫，但仍以意志力支撐著，不敢有絲毫鬆懈。等到結界佛事開始，要入內壇禮佛時，慧貞雙腳已經麻木到不像自己的，走樓梯時雙腳發抖，痛得難以忍受。當佛事進行中，主法法師念經時，慧貞專注於經文，便能暫時忘卻痛苦；但只要誦經聲稍微停頓，她的腳便又痛起來。這時，她想起跟她一起來修行的冥界眾生，於是便以心念懇切地與他們溝通：「你們要趕快修行，你們無間的痛楚，就和我的腳痛一樣，只要能夠轉念放下，將注意力集中在法上，與佛相應，就能得度。」忍受著腳上的痛苦，慧貞一心一意地向諸佛菩薩祈禱，但眼皮卻愈來愈沉重，經文也在眼前變得越來越模糊，連精神都支撐不下去了。

此時，慧貞抬頭見到壇城前莊嚴的三尊大佛，她竭力觀想，遙向諸佛菩薩懺悔：「弟子業障深重，無緣聽經聞法。懇求諸佛菩薩原諒弟子不如法處，現在弟子謹以跪拜之禮，祈願清醒，續行法儀。」一發願後，她開始起身一拜、二拜、三拜……突然，慧貞感到一股如濛濛細雨般的清涼遍灑全身，接著整個人的精神都來了，腳也不痛了，身心頓時輕鬆自在。這股力量，連在旁的師姐都感受到了。師姐與慧貞視線相交，會心一笑。慧貞因此體會到，虔誠懺悔的心，真的可以轉業力為願力。

法會結束後，慧貞與來訪的朋友聊到在法會中的種種情形。朋友一聽之下，對水陸的功德生起信心，進一步提出要報名水陸法會的想法。也因為這個機緣，慧貞不久之後也成為靈鷲山水陸願力委員的一員，發願秉承心道法師尊重、包容、博愛的信念，推動靈鷲山的活動。此後數年的水陸法會，慧貞進入會場，一定先召請與她有緣的幽冥眾生，信守然諾，說到做到。因為從召請到送聖，整場法會的時間很短，必須把握聽經聞法的機緣，誠心懺悔並善待冤親債主，用最平等的心與最純善的意念虔誠懺悔，解冤釋結，助他們早日脫離苦海。

數年後，慧貞的外公因身體不適，輾轉於各醫院之間，一直檢查不出病因。慧貞於是幫外公在水陸法會立超度冤親債主的牌位，沒想到在立牌位後沒多久，醫院便檢查出是胃與食道長了腫瘤。手術後，慧貞的外公順利轉到普通病房，但狀況仍不穩定，沒多久又轉入加護病房急救。從加護病房出來後，外公一直吵著要回家，情緒相當不安定。

雖然醫生開藥，說打一針就能一覺到天亮，但護士已經打了六針，仍然無法使慧貞的外公安靜下來。凌晨一點，只見外公兩眼翻白上吊，雙手胡亂揮舞。慧貞心急之下，喃喃自語道：「我什麼功德都做了，你們到底還要什麼？」此時，神智不清的外公嘴裡竟冒出一句：「我們要七佛燈！」驚愕的慧貞連忙打電話給靈鷲山的師姐，請她幫忙供燈，以取信於幽冥眾生，並在心中默禱：「請以我所積累的福報，轉化外公的業力！」沒想到心念一發，外公便沉沉睡去。第二天醒來後，外公已能如常進食，嘴裡還哼著歌。

不久，回家休養的外公，病情又開始反反覆覆。於是慧貞對外公說：「阿公，你不歡喜的心與罣礙的心都要放下，心結要打開。」

並教他拜阿彌陀佛。就這樣，外公口誦佛號，安詳往生了。

回到靈鷲山上，陣陣誦經聲傳入慧貞耳中。細數這些年，由於父親的往生而接觸了佛法，也因為靈鷲山水陸法會的功德，使外公走得平靜、從容，不留任何遺憾。擔任願力委員勸募水陸，縱然有時不了解的人會有些閒言閒語，或者遭遇橫逆阻礙，但都能以誠心、毅力克服。慧貞相信，只要守信於有緣眾生的承諾，恭謹而如法如儀地打水陸，必能得到眾生的信任，進而解冤釋結。只要心念一轉，耳邊的瑣語碎言也可化為法語妙音。而這一切，都是父親留給她最珍貴的遺物。這一生中，最大的幸福，就是與佛結緣。

心道法師的話

只要虔誠，就一定能利益六親眷屬、歷代祖先和一切眾生。而我們的靈知、靈覺，也就是如來藏、八識田中所有關於過去、現在、未來，一切有情、無情，今生記憶的、已遺忘的，都在意識的業風中生滅，也在覺性光明中結界、止息，使水陸就像極樂世界一樣。

母親的道別

「南無喝囉怛那哆囉夜耶。南無阿唎耶……」志翔（化名）一句句念著〈大悲咒〉的咒文。這是他為了生病的母親，每天必做的功課。此時晨曦自窗外透入，爐中薰香隨著誦經聲，緩緩飄出。漸漸地，滿室氤氳揉合著熹微晨光，隨著聲聲〈大悲咒〉，似有節奏地上升、翻覆、攪滾、散去，有如世間萬物在成、住、壞、空中不斷循環。

在一個機緣下，志翔遇到一位師姐，拿著靈鷲山新加坡水陸法會報名表要與他結緣，並說水陸法會功德可以幫助他的母親，但他並沒特別把這件事放在心上。

某天晚上，志翔在半夢半醒之間，耳邊響起一個聲音說：「我是你母親的冤親債主，來跟你母親討功德，我要參加靈鷲山新加坡水陸法會，請你拿著收據來讓我安心。」寤寐之間，志翔對他說：「如果你需要這功德，我可以幫你完成心願，但是我有條件，你要保證放過我母親，冤債一筆勾銷，而且你以後都要護持佛法。」

天一亮，志翔急著找靈鷲山水陸法會的報名表，但卻遍尋不著。後來透過一位念萱（化名）師姐，才終於找到報名水陸的途徑。

志翔好不容易約好時間，到念萱師姐家填寫報名表。師姐問：「靈鷲山水陸法會並沒有特別宣傳，你怎麼會知道呢？」志翔把之前發生的事跟師姐說了一遍，師姐聽後便說：「水陸法會冥陽兩利，有莫大的功德，你要把握這個機緣。」而就在報完名，拿了收據，準備起身告辭之際，志翔忽然背部劇烈疼痛，一直痛到整個脊椎尾端。他當下便直覺是夢中冤魂做怪。心裡想：「我已經按照你的意思報名水陸法會了，你還想怎樣？」這時有一個聲音傳進他心中：「收據抬頭寫錯了，你應該寫你母親的名字才對！」志翔暗自驚訝，當下向念萱師姐說明，更改抬頭後，才能漸漸起身。

在法會中，志翔供養三寶、懺悔業障，而在梁皇大壇進行放燄口佛事時，突然一聲「謝謝！」傳向志翔耳裡，水陸法會結束後，母親雖未痊癒，但已經沒那麼痛苦。只是志翔的母親畢竟年紀大，身體器官漸衰，常有狀況。每次一進加護病房，志翔必定在病房外念〈大悲咒〉迴向。當志翔的母親最後一次住進加護病房，志翔在母親耳邊說：「媽！您不必擔心，我們會好好照顧自己的。」他的母親便在平靜中嚥下最後一口氣。頭七那天，志翔恍惚中看見母親的身影，似乎也跟著法師的聲音誦念佛經。此刻志翔噙著淚水，跟母親說：「媽！您別罣礙我們，走您應該走的路！」母親向他點頭，誦完經後，身影就不見了。

母親過世之後，志翔思念不已，擔心母親是否安好，便再度報名水陸。家住新加坡的志翔，特別飛到台灣來參加靈鷲山在桃園巨蛋舉辦的水陸法會。當內壇在行奉供下堂法事時，志翔又依稀在群眾中看到母親，跟著禮佛、誦經。當下他內心相當激動，暗自祝禱：「如果您真的是媽媽，請現出本相，讓我放心。」說也奇怪，念頭一起，母親全身閃耀著金色光芒，燦爛奪目。此時志翔明白，母親真的到西方淨土了，水陸功德，確實廣大不可思議。

心道法師的話

我們來到這個世間，要感恩父母的養育，緬懷祖先留下的恩德，更希望能與一切有緣眷屬、十方法界眾生，結下生生世世的善緣。在水陸期間，大家要以虔誠恭敬的心，觀想自己無量劫以來的父母、師長、祖先、冤親債主，一起來領受殊勝、莊嚴的大乘戒法，斷惡修善、累積功德。

◎名詞解釋

・**輪迴：**眾生由於善惡業因，流轉輪迴於「天」、「人」、「阿修羅」、「畜生」、「餓鬼」、「地獄」六道之中。《法華經・方便品》：「以諸欲因緣，墜墮三惡道，輪迴六趣中，備受諸苦毒。」

・**水陸法會：**明代袾宏的《法界聖凡水陸勝會修齋儀軌》以「法界聖凡水陸普度大齋勝會」為水陸法會的全稱。並解釋道：「何謂法界？理常一故。諸佛眾生，性平等故。何謂聖凡？十事異故。佛及三乘，是名為聖；六道群生，是名為凡。事雖有十，理常是一。何謂水陸？舉依報故。六凡所依，其處有三，謂水陸空，皆受報處。今言水陸，必攝於空；又此二處，其苦重故。何謂普度？無不度故。

六道雖殊，俱解脫故。何謂大齋？以食施故。若聖若凡，無不供故。何謂勝會？以法施故。六凡界中，蒙勝益故。」此佛事普請聖、凡，超度六道，上至人、天，下至地獄，皆蒙得度。是中國佛教中一種相當隆重的經懺法事。

．**內壇**：水陸法會分內壇與外壇。一、席位：內壇設上堂十席與下堂十四席，共二十四席，上堂奉請諸佛、菩薩、緣覺、阿羅漢等聖眾，下堂則奉請天、人、阿修羅、畜生、餓鬼、地獄六道眾生。二、重要佛事：結界、告赦、幽冥戒……等，是在內壇舉行，故內壇是水陸法會諸佛事進行的主要場域。三、法務：設主法、正表、副表各一名，香燈四名。

．**主法法師**：是法會的精神指標，在請、供時負責依文作觀想。

此外也要與正、副表法師輪流唱念，並負責擊奏大磬指示經文，或提醒梵唄的結尾，或提示段落的更換。

．**蓮池海會**：見《佛說阿彌陀經》前〈蓮池讚〉，此經乃佛為大比丘僧、諸菩薩、弟子們解說西方極樂世界內容之會。故也有以此代指西方極樂世界者。

．**目連救母**：目連即釋迦牟尼佛十大弟子中的目犍連尊者。他以道眼見其亡母在餓鬼道中，因無食物而瘦到只剩皮包骨。他以神通力拿飯給母親，但飯未入口就已化為火炭。目連悲泣向佛陀請教救母之道。佛陀教示目連要在七月十五日準備百味飲食、汲灌盆器……等，將飲食置於盆中，虔心供養十方大德僧眾，靠他們的威德來救母。目連依照佛陀的話去做，果然母親脫離餓鬼道，得升天上享受福樂。事見《佛說盂蘭盆經》。

・**灑淨：**佛教於授戒、佛七、拜懺等法會之前，以加持過的淨水散灑道場，為結界前之清淨儀式。在水陸法會前一天，從外壇的梁皇大壇開始，先進行灑淨。若人有受苦或生病，也可以用灑淨的方法減輕或除去他的痛苦。

・**七佛燈：**供奉在藥師七佛前的七盞燈，有消災、延壽之效。據《藥師經》記載，阿難問救脫菩薩如何供養藥師琉璃光如來續命幡燈，救脫菩薩回答：「若有病人，欲脫病苦，當為其人，七日七夜，受持八分齋戒，應以飲食及餘資具，隨力所辦，供養苾芻僧；晝夜六時，禮拜供養彼世尊藥師琉璃光如來；讀誦此經四十九遍；然四十九燈；造彼如來形像七軀，一一像前各置七燈，一一燈量大如車輪，乃至四十九日，光明不絕。」

・**結界：**這是由梵語翻譯過來的詞。舉辦法會或閉關時，經由作法所限定之處，稱為結界地。靈鷲山出版社出版的《時間與空間的旅行》中寫道：「結界的意義就是讓施行法會會場的地下、地面及空中，全部變成一個立體的壇城，像琉璃一樣清淨無染，又像金剛塔城一樣，讓邪魔不能侵犯，好迎請諸佛菩薩雲臨、六道凡眾奔赴會場，接受法會的洗禮。」水陸法會結界之後，內壇便成為法會的重鎮，不得隨意進出。

・**召請文：**以功德主之名，召請聖凡至水陸法會之文疏。在請上堂及請下堂時由正表法師宣讀召請，而於法會結束之後焚化。

・**發符：**水陸法會內壇活動之一。請四天捷疾使者、空行捷疾使者、地行捷疾使者、地府捷疾使者帶著「請書」、「符牒」及所有內壇功德主名冊，上天下地，速請十方法界諸佛菩薩及六道眾生都來與會。凡幽囚地府難與勝會之重罪眾生，能蒙此符，暫得赦免，參與勝會。完成發符後，緊接著舉行懸幡儀式，在法會現場高立上書：「啟建十方法界四聖六凡水陸普度大齋勝會道場之幡」的旗幡，另外一旁則懸掛九蓮燈，做為地標的指引，讓與會眾生順利來臨。

・**奉供下堂**：供奉水陸法會下堂十四席中的六道群靈之儀式。獻供時，主法觀想六道群靈及隨筵神眾，讓亡靈均能歡喜受供。最後同誦《阿彌陀經》，繞場念阿彌陀佛佛號，使六道眾生都能領受佛法、開悟解脫。相較於奉供下堂，奉供上堂則為供養諸佛菩薩。

誦過供養文後，開始一席席上供，主法與齋主均需依序到各席上香，向諸佛菩薩等表明誠心供養之意，並請求諸佛菩薩納受。

．**送聖**：水陸法會佛事之一，在送判宣疏儀式中，奉請五位判官將判疏送往天府、地府……等界，宣說水陸法會功德圓滿後，請十方法界各歸其所之儀式。聖眾登上雲路，而六道眾生則往生淨土。

．**香積**：謂僧家之食廚或供料。依《維摩詰所說經．香積佛品第十》，此乃取香積佛以眾香缽盛滿香飯與化菩薩之意。

．**寒冰地獄**：以寒風冰凍責罪之地獄。《三藏法數》卷三十五有「十六寒冰地獄」。《地藏菩薩本願經》卷中〈地獄名號品第五〉亦云：「或有地獄，一向寒冰。」

・**梁皇大壇**：水陸法會外壇中的大壇，此壇以禮拜《梁皇寶懺》為主，亦稱「梁皇壇」。清朝真寂儀潤彙刊的《水陸儀軌會本》云：「大壇僧眾廿四人。香燈在外。預前一日晚，薰壇；次日清晨，拜《皇懺》。第一日至第四日，每天各拜兩卷半；第五日誦《金剛經》各五卷，第六日誦《藥師經》各五卷，第七日誦《梵網經》下卷，即〈心地品〉各二卷。」靈鷲山水陸法會的齋天佛事也是在梁皇大壇舉行，舉行時間一般於法會開始後的第五天清晨四、五點左右，此因凌晨是諸天人精進辦道的時間。現行所使用的齋天儀軌，是依據天台宗智顗所編的《金光明懺法》及參酌《金光明經》〈功德天品第八〉及〈鬼神品第十三〉的內容與精神撰集而成。齋天法會誦經禮懺，施設淨食，供養十方三寶、護世諸天及其隨從，法會壇場設佛、法、僧三寶席、諸天與其侍從的座席。

・**燄口：**是根據《佛說救拔燄口惡鬼陀羅尼經》所舉行的施食餓鬼法事。施放燄口，則餓鬼皆得甘泉，能夠飲食。在水陸法會中，於外壇之梁皇大壇中設五堂，按規模大小，分一大士、三大士、五大士燄口，依《瑜珈津濟燄口法食》（或稱《瑜珈集要燄口施食儀》）行之。燄口法會約於下午五點到晚上十一點，而食物施放時間則配合餓鬼道的生活作息，約於晚間七至十一點進行。此佛事召請鬼道眾生，藉持咒之力開餓鬼咽喉，使之得以飲食。主法和尚於燄口佛事中將有限的供品觀想為無量，並觀想鬼道眾生前來用餐、聽經聞法。

◎心得分享

・為什麼佛教以為一切眾生都是我父母與歷代祖先？

• 「人身難得」，除了人道以外，還有哪些道的眾生？在有限的生命中學佛，又是為了什麼？

• 民間農曆七月十五日中元節的普度，在功效及意義上與水陸法會有什麼不一樣？

• 送聖時，西方船及鎮壇大將軍的作用是什麼？請簡述送聖流程。

• 我們為什麼要發願？行善與推廣佛法對自己和他人有什麼幫助？

• 水陸法會超度歷代祖先與冤親債主，可以化解自己及家人身心的病痛嗎？為什麼？

• 「香積」是什麼？請簡述「香積」一詞的來源。

・親人忽然過世，我們應如何面對？可以向佛教團體尋求什麼幫助？

・什麼是七佛燈？供燈具有何種功德？

・對於累世累劫的冤親債主，我們應以何種心念面對？以負面或正面的態度面對人生，是否會有不同的結果？請分享自身經驗。

・親情能否接引我們學習佛法、發心奉獻？請分享自身經驗。

・我們如何感受到亡者已經通過水陸法會得到超度？請分享自己與過世親人感應的事例。

59 孝親篇

懺悔篇

謙卑懺悔，轉識成智

懺悔在靈性的價值上，可以洗滌我們的罪業，成就聖潔的靈性，懺除貪、瞋、癡、慢、疑五毒，與清淨相應、與覺性相應，而能成就解脫。一個會懺悔的人，也是一個負責的人，為自己的生命負責，讓自我與一切有情和諧共榮存在於這宇宙之中。

重生

時序入秋，然而豔陽似乎準備將它的餘威，毫不保留地宣洩出來。燠熱的空氣中，瀰漫著一股擾攘不安的氣氛。

在政府部門服務的秋雪（化名）騎著機車到處巡視，昨夜凌晨，她被一陣天搖地動嚇醒後，便再也睡不著。停電之後，更是連手機、電話都不通，彷彿與世隔絕。在一片漆黑之中，秋雪聽著收音機接收片段的地震災情，得知這場地震震央在南投，災情慘重。秋雪巡視到上午十點多，便回辦公室向長官報告。然而報告一結束，就感到前胸刺痛難耐，只好請假回家。

回到家照鏡子，秋雪看到自己前胸、後背都出現點狀紅疹，甚至有的已經紅腫起水泡。到了第二天，秋雪已瀕臨昏迷，隱約感覺有許多人進屋，把她搬上救護車。原來是秋雪的媽媽打電話來，聽見秋雪聲音異常虛弱，便立刻趕來，送秋雪趕赴醫院。醫院先為秋雪治療紅疹、水泡，後來又做了相關的手術。開刀後的秋雪，身體、精神日漸衰弱，幾近癱瘓，整個人失去了神彩。

秋雪病後，家人帶她到近郊正在興建的佛寺透透氣。然而此時的秋雪心緒不佳，看著莊嚴的佛像，卻有一陣淒涼之感湧上心頭，覺得自己可能等不到寺院落成。回程時，秋雪看到路上有家傢俱行，不知為何忽然想換張新床墊。一進店裡，她連試床墊的力氣都沒有，只能跟店員陳述需求，請他們把合適的床墊送到住處。此時店內有一位男子看到秋雪虛弱的模樣，便對她說：「妳病得不輕啊！應該要找具備清淨法身的高僧大德幫忙才行。」男子允諾，若得知可以幫助秋雪消災解厄的機緣，便立刻通知秋雪。

幾天後，秋雪家的電話聲響起：「秋雪師姐妳好！我是那天妳在傢俱店遇到的師兄。靈鷲山要在桃園巨蛋舉行水陸法會，妳要不要參加？水陸法會可以救拔超薦累世累劫的歷代祖先，也可以與前世今生的冤親債主解冤釋結……」秋雪心想：「我的身體撐不了多久，可是祖先們不能沒有人供奉。」於是當下決定報名水陸。

開刀後的秋雪，這幾個月來，食不下嚥，寢不成眠，全身水腫，頭昏腦脹。所以法會期間，在內壇跟著三師行禮拜懺，她都只能靠著自己的意志力苦撐。法會第五天晚上近十一點，許多群眾圍著一位身披紅袈裟的法師做皈依。秋雪見狀，在人群中跟著排隊，勉力走到法師面前，跪了下來，希望請法師也為她皈依。法師看了看秋雪，伸出右掌，蓋在秋雪頭頂上許久，為她加持。過了很久一段時間，秋雪才知道他就是心道法師。

隔年，秋雪的身體狀況略有好轉，便自己報名靈鷲山水陸。這一年，秋雪除了參加水陸外，也常常帶著水果去住家附近佛堂拜佛。法會過後兩個多月，佛堂的法師忽然叫住秋雪，並對她說：「妳有刀兵劫，穿心痛。」秋雪一聽，心下暗驚，便停下腳步。法師接著說：「妳有一世當將軍，兵敗以短劍刺心自裁。今生的穿心痛，就是源於此。而那些軍中同袍，至今還在古戰場中等著妳。」秋雪當下瞠目結舌，因為從小時候到現在，她做的夢固定有兩個場景：

一是大火燒城，死人無數，她率兵突圍；二是自己在荒山中不斷奔跑，上氣不接下氣。這兩個場景，與這位法師所說，彷彿暗合。

佛堂法師點出秋雪痼疾的前世因果，她便在第三年水陸法會念誦召請文時，請前世同袍來桃園巨蛋聽經聞法。在奉請下堂佛事中，秋雪觀想前世同袍受召請而來，並誠心懺悔、發願，不禁淚流滿面。法會圓滿之後，秋雪便不再夢見那兩個糾結擾人的場景，身體也日漸康復，如同重獲新生。想來，前世同袍透過秋雪代為懺悔、發願、皈依，已順利往生淨土了。知道秋雪故事的師兄姐常常會問她：「為什麼同樣是打水陸，妳的感應會這麼強呢？」秋雪都回答：「我沒有特別做什麼，只是如法如儀地誠心懺悔罷了。」

心道法師的話

每個人的記憶中都儲蓄了各種不同的生命關係，如何讓不好的生命關係淨化？如何讓好的生命關係能夠延續、提升？那就要靠懺悔了。……水陸法會是佛教最盛大、最莊嚴的懺悔法門，我們可以藉此淨化、提升。

離苦一念間

敏珍（化名）一家，可以用多災多難來形容。而這一切，要從她的弟弟敏才（化名）說起。

不知緣由，敏才在十九歲那年，意外性情大變，常常喃喃自語，父母在到處求醫無效下，只好把他送到精神病院裡，弟弟的病情時好時壞、反反覆覆，敏珍和家裡其他兄妹苦苦維持敏才的高額治療費，雙親也因受不住這樣的打擊，相繼離世。人生中的困厄，全給敏珍一家人在短短的幾年間遇上了。

在生命的困境中，敏珍開始接觸佛法，並決定也帶弟弟入門。

她先拿一些佛經以及介紹佛法的書給弟弟讀，而敏才就這樣一本接一本地讀下去，並且自我要求：每天要常誦觀音菩薩聖號，並固定誦讀《心經》及《地藏經》。不久之後，他的病情好轉，在精神上漸漸與常人無異，醫生也同意可以出院回家。回家後的敏才自覺業障深重，過惡太多，發願在一年之內念一千部《地藏經》，將功德迴向給父母。就這樣敏才每天持誦佛經，日子倒也充實，在生活上也完全能夠自理，漸漸恢復往日的神彩。

有感於弟弟的精進，敏珍也發願茹素、受五戒，以及在二、三個月內念二百部《地藏經》。就在念了五十多部《地藏經》之後，在一個偶然機會，敏珍遇到了靈鷲山開山和尚心道法師的弟子，他得知敏珍的情況後，熱心地居中引介，安排敏珍與心道法師見面。

心道法師在百忙中為敏珍開示，指出其中有很多是因果關係，要解決這些問題，最直接、圓滿的方法就是參加水陸法會，為冤親債主立牌位，讓他們得以超度。敏珍進一步瞭解水陸後，心中相當感動：如此殊勝、普度一切有情的法會，自己是何其有幸，竟能夠躬逢其盛！這或許就是專心修持《地藏經》所締結的殊勝因緣吧！

敏珍實際參與水陸後，心念也有所轉變，變得更加正面、樂觀。佛緣難遇，佛法難聞，而令其得遇得聞者，不就是這些累世的冤親債主嗎？敏珍一念及此，原本內心對冤親債主解不開的糾結，瞬間化為感謝。換個角度看，他們都是來度化她的大菩薩啊！而這些困厄、難關，就是對自己修行佛法的考驗。在水陸法會中，敏珍向這些冤親債主們誠心懺悔，也祈請諸佛、菩薩以無邊法力加持，使他們得以釋怨消恨，往生善處。

法會即將圓滿時，每一場佛事的無量功德，都將在圓滿香佛事迴向給六道群靈。敏珍和其他功德主一同誠心懺悔累世業因，並替不曾皈依三寶的眾生發願、懺悔，願眾生可早蒙解脫。

就在水陸法會結束當天，敏珍發現自己心絞痛的宿疾與手腳發痲無力的狀況都消失了。經過這般體驗，體認到「前世因，今世果」的敏珍修持佛法更精進。因接觸佛法與水陸而改變人生的敏珍更加發願，她和弟弟要秉持著「信、願、行」的原則，切切實實去體會、思考人生的意義；依止於三寶，不讓自己的生命再耽於貪瞋癡，於輪迴中隨外相浮沉。

心道法師的話

舉辦水陸法會的目的是爲了搭建一座平台，使眾生透過這個平台去做溝通，去做解冤解業的工作。對不好的記憶，我們不要去儲存它，而要去消融它，並透過懺悔、超度而得到解脫。

風雨姐妹情

冰冷的細雨，飄灑在灰色的天空中。傳自遠方的幾聲悶雷，似是要喚醒沉睡的大地。行動不便的淑芳（化名）坐在椅子上，仔細回想這幾年來的點點滴滴。

自小行動不便的淑芳，有個妹妹淑芸（化名），姐妹倆從小感情就很好，淑芸常常主動照顧、幫忙淑芳。長年下來，姐妹倆可說是形影不離。到了淑芳二十九歲結婚那天，兩姐妹都管不住自己滿臉的眼淚。

淑芳走上紅毯，嫁給她所愛的人，一切看似那麼甜蜜而圓滿，也陸續生下兩個孩子。但是在和樂美滿的表象下，丈夫竟有了外遇，第三者還是淑芳的好友。精神幾近崩潰的淑芳忍痛結束婚姻，獨立背負丈夫留下上千萬元的債務，自行撫養兩個小孩。幸好淑芸常常在她身邊，陪她聊天，聽她訴苦，並且安慰她。此後只有淑芸在身邊，淑芳才會有安全感。儘管世界默默如常運轉，但淑芳心裡並不平靜；她有好多心結解不開，好多的不甘與痛苦。幾次出入於宗教之間，也未能讓心靜下來，更別說找到契心合理的解決之道。

某日，淑芳姐妹正在自家開設的房地產公司工作，忽然有一位比丘尼走進來，雙手合十，說：「阿彌陀佛！我們南投的道場被九二一大地震震垮了，需要租間房子。」因為這個機緣，她們常去比丘尼處聽經，也跟著禮拜觀世音菩薩。姊妹倆日日向菩薩祈求，願能聽到正知正見的佛法。「在求法的過程中，我的好朋友送我一本《密勒日巴傳》，當時我看了，眼淚完全沒辦法控制地流啊流啊，心想，這才是真正可以帶領我們解脫生死的法，可是，要去哪裡找上師呢？」淑芳回憶道。沒想到，有一天，淑芸突然心有所感，脫口跟淑芳說：「妳要讀《楞嚴經》，一定對妳有幫助！」為了這句話，當時對佛學接觸尚淺的淑芳費盡心力，到處託人找尋經典，但就是一直請不到《楞嚴經》。

淑芳姐妹洩氣之時，公司的電話聲響起，電話那端的客戶說要租一個僻靜之地，於是姐妹倆便帶客戶去看房。這次的客戶也是一對姐妹，二人在車上談到要上山找法師，淑芳耳尖聽見，便拜託她們幫忙請《楞嚴經》。過幾天，果然順利請到經書，還獲得兩本心道法師的開示語錄。

兩姐妹閱讀開示之後大受感動，便即刻上靈鷲山拜見心道法師。法師給兩人的功課是：誦讀《水懺》及《地藏經》。淑芳依教誠誦《水懺》，隨著日子過去，沒想到心中的負面想法和煩惱竟然漸漸消退，不再生起；持誦《地藏經》時，她更連續三天夢見家中來了許多穿淡藍色衣服的人，面露歡喜地交頭接耳，彷彿正讚嘆《地藏經》救苦之效。

雖說法師給的功課，讓淑芳逐漸改變自己的心境，但一想到前夫的事，她仍然愛恨交織，被痛苦與怨恨的心念緊緊纏繞，一心希望前夫不好過。直至某日，心道法師直接教示淑芳道：「做個優婆夷不是很快樂嗎？」這才使她打從心底慚愧、懺悔，進而省悟。

淑芳姐妹擔任水陸法會志工多年。第一次參與時，她們被分配到打掃以及在法會期間向來賓介紹佛陀故事的工作。這次的體驗，讓姊妹倆既高興又滿足，因為她們不僅因此更加親近佛陀，也讓她們體會身段柔軟、心境自在的快樂。第二年，她們便拉著公司同仁與親屬，一起到水陸法會當志工。

連續當了幾年水陸志工，淑芳發覺自己自內至外都有了改變。原先她遇事容易緊張，追求每個細節都要完美，然而她從沒有想過這種性格容易帶給旁人壓力。直到參與水陸法會，看到法師、志工們都那麼自在從容，不隨意起瞋心，自己的個性也才隨之調整。過去淑芳看家人，總會基於恨鐵不成鋼的心理，挑剔他們的缺失。但擔任志工後，才領悟原來這是自己的缺點，自以為是，卻沒想到其實是身邊的人不斷地在包容自己。從此之後，她走出自己的小世界，不再放大他人的過失，反而看到更廣闊的一片天地。

水陸法會給淑芳的啟示，不僅於此。靈鷲山水陸法會舉辦十週年時，所有願力委員都可以到內壇和心道法師合照，但淑芳因為忙碌、疲憊，心中不禁想：「天好熱，合照不但要排隊，淑芸也沒來，乾脆不要去算了！」但是當合照的願委們回來時，淑芳看著大家都歡喜地拿著心道法師送的結緣品——一枚亮晃晃的金幣時，心中又羨慕不已，暗想：「如果有了這枚金幣，一定會為我帶來好運，讓我賺大錢。」

於是，第二天她便一心期待，想趁著心道法師為眾人加持時，可以拿到金幣。果不其然，當師父加持時，排在淑芳前面的師姐向師父說：「師父，弟子昨天有事不能來，沒有領到結緣的金幣。」心道法師便立即拿出一枚金幣給她。淑芳見狀，心中暗喜，便也趕緊跟著上前，說：「師父，我也沒有拿到！」沒想到心道法師看了她一眼，便淡淡地說：「沒有了。」這時，淑芳才忽然驚覺：自己對上師的慢心與對金錢的貪念，竟已不知不覺生起。而自己在生計上的艱難，難道不都是這些執著的反映嗎？從此她努力克服自身習氣，罣礙愈來愈少，家中經濟也逐漸改善了。

在心道法師的慈悲指引下，淑芳姐妹在水陸法會中不斷觀照己心、打開心量，終於不再被煩惱綑綁，在待人處事上更柔軟，也轉化了自己的人生。幾年的波折與考驗下來，透過水陸，她們賺到了歡喜、圓融、體貼與感恩的心。

心道法師的話

水陸法會就是透過懺悔、讀經、供養，來轉換貪瞋癡的記憶體，使生命與生命之間，能超脫罪苦、障礙，而能夠連接圓滿和諧的因緣組合。懺悔是剷除自己與祖先等一切有情的怨結，純淨彼此的關係；讀經是疏導思想的阻礙，教導我們釐清生命的糾纏，走上願力的通路；供養則是增長福德善緣，圓融生命過程中的逆緣。

◎名詞解釋

・**三師**：水陸法會中，內壇設主法、正表、副表各一名，合稱三師。主法法師在請、供時，負責依文作觀想，並與正、副表法師輪流唱念；又負責擊大磬，指示經文或梵唄的結尾及段落的更換。正表法師負責內壇佛事中儀文、疏表、符表的唱念，所有的唱念都是由正表舉腔，由正表帶領。副表法師的工作是在唱念儀文、疏表、符表時，遇有應答接唱情況，輔助正法法師，搭檔唱誦。三師在法會中彼此照應，相互合作，完成法會儀式，是主導水陸法會進行的角色。

・**奉請下堂**：依水陸儀軌，水陸法會內壇分上、下堂，各分十位，位復開十。所以下堂基本有十席，每席又各開十席。十席之後，與齋家有關者有四席。此所謂下堂十四席。十四席後，另再召請橫死孤魂等十二類。下堂所召請者為天、人等六道群生受薦亡靈。故簡言之，奉請下堂，即在水陸法會中，召請六道群生來集道場的儀式。相較於請下堂，請上堂則是禮請諸佛、菩薩、聖人等蒞臨法會，悲憫眾生，為眾生宣說佛法。在此佛事中，所有內壇功德主以至誠之心代替自身的歷代祖先、累世累劫父母、冤親債主，禮請諸佛蒞臨法會。

・**圓滿香**：水陸法會內壇舉行圓滿供佛事，普同供養二十四席後，進行圓滿香佛事。由主法為六道群靈開示法要，指歸淨土，令修念佛三昧。齋主拈香三拜，各歸就坐後，由主法觀想六道群靈，受薦亡者，並加以開示。其旨在普令眾生皆得迴向。即發願水陸法會一切功德，普令眾生皆得往生西方極樂世界。

・**優婆夷**：梵文 Upasika 之音譯，其義為清淨女、近事女，指受五戒之女子。《淨名疏》云：「優婆夷，此云清淨女。」

・**願力委員**：靈鷲山護法會的願力委員從事服務生命、奉獻生命之事，包括：會員接引、賑災勸募、啟建水陸……等，都是其負責的志業範圍。委員們專注於利益眾生，除了可累積福慧功德，更可使自身生命境界有所提升，對行持菩薩道更加道心堅固。

◎心得分享

・因為懺悔而參加水陸法會所帶來的經驗，讓我們對人生的看法有何轉變？

・功德主若未如法參與水陸、誠心懺悔，能否超度鬼道眾生？為什麼？

・如果曾經犯下難以挽回或彌補的錯誤，可以用什麼方式解冤釋結？

・水陸法會有何功德利益？參加水陸後，疾病為什麼可能痊癒或好轉？

・水陸法會開始前為什麼要召請？召請的作用是什麼？

・什麼是奉請下堂？下堂十四席包括哪些生靈？

・《地藏經》主要內容是什麼？誦《地藏經》有什麼功德？

・擔任靈鷲山護法會願力委員需要具備什麼資格？願委的主要

工作是什麼？對自己與他人的生命可能有什麼幫助？

・請談談自己平常有什麼習氣？這對你或家人的人生造成了怎樣的影響？

尊重篇

尊重博愛，和諧共存

我們要讓世界和諧，人人都要去除內在的矛盾，而這個矛盾都是由我們的貪瞋癡而來，所以我們學佛，就是要能夠覺醒與反省，從尊重裡，找到自己與別人之間的和諧關係。人跟人之間如果彼此謙卑，衝突就會變少，和諧的機會就增加，彼此尊重、謙卑，就可以互動。

冥陽之間

明偉（化名）來自台南，志雄（化名）來自台北，由於擔任靈鷲山水陸法會的志工，讓他們得以在桃園相遇。靈鷲山水陸法會殊勝非凡，不僅規模大，備齊種種妙善的香、燈、飲食、衣、花、果上供，更以虔誠之心如法如儀地籌辦，儀式十分嚴謹。

水陸法會的第五日深夜，輪到明偉與志雄兩人在內壇值班。這天從凌晨開始，進行告赦、請下堂、幽冥戒……等佛事，一直忙到晚上。雖然兩人還年輕，平時體力都不錯，但整日的忙碌，也讓兩人累到近乎無法動彈。當晚，他們在音控室打地舖，從音控室的玻璃看出去，可以綜觀整個內壇，連三師主法的位置都可以看得清清楚楚。明偉和志雄真的倦了，有一搭沒一搭地聊了幾句後，便進入夢鄉。

然而平時總是一夜無夢的明偉，在似睡非睡間，卻一直感到有人干擾。一下子踢他，一下子拉他，似乎還有一群人試圖把他抬起來。明偉不堪其擾，斥道：「你們是什麼人？怎麼可以跑進來？這裡是水陸法會的內壇，不能隨便出入！」話音未落，忽感一陣腐敗腥臭的味道由鼻腔直衝腦門，接著有人惡作劇般地從身後勒住他的脖子，並且越勒越緊。明偉喝道：「放開你的手！我快窒息了！」等他終於掙開起身，氣沖沖地準備趕人，卻見眼前圍繞著自己的「人」，有的少頭，有的無臉；有的眼珠子掉下來，眼窩還不斷冒血。其餘缺耳少鼻、斷手斷腳、肚破腸流的，更是不計其數。其中也有些形體完整無缺的，但明偉已無暇細辨其形貌，因為他們正包圍著明偉，露出白森森的牙齒，詭異地笑著……。明偉驚嚇之餘，大喊一聲衝出了群鬼的包圍，往志雄歇息處奔去。沒想到此時一大堆鬼正踩在熟睡中的志雄身上，活蹦亂跳。明偉強自鎮定，口中反覆念誦「南無阿彌陀佛」，伸手去拉沉睡的志雄。用了幾次力，終於把志雄叫醒。兩人同心協力，口念佛號，開出一條道路，逃離音控室。

好不容易衝到了二樓走廊，兩人向內壇望去，不禁手腳發軟，全身也不由自主地顫抖。原來，與內壇相比，音控室裡的鬼道眾生只是一小部分。成千上萬的長舌、掉眼、穿心、皮膚糜爛……等形貌各異的鬼道眾生，充斥在內壇中，或跳、或跑、或鬧、或坐、或臥；有詭笑者、有垂哭者、有怒目者；還有些甚至飄浮在空中飛來飛去。只有佛前以及主法三師的位置清清淨淨，群鬼都自動避開，不敢靠近。看到這樣的景象，明偉和志雄由恐懼轉為驚訝，瞠目結舌，久久不能言語。又過了一會兒，內壇中的鬼道眾生忽然全部消失了。

困惑的明偉與志雄又回到音控室，此時音控室中只有他們兩個人，群鬼充斥的情景已不復見。莫非，剛才的一切只是一場夢境？定下心來一想，這是水陸法會，本當群靈畢至。兩人心裡暗笑自己真是慧短識淺，少見多怪。明偉和志雄回想剛剛那一幕，群鬼駭人、痛苦之情狀，歷歷在目。兩人心中忽然生起慈悲心，便在音控室打開音響，讓如海潮音的持咒聲充滿整個內壇空間。這時，神奇的景象出現在兩人眼前，內壇中數以萬計的鬼道眾生再度現身，表情平和安詳地朝著佛像冉冉下拜，與白天時功德主在三師帶領下禮佛誦經的情景並無二致。

整個內壇，呈現出莊嚴肅穆的氣氛，原來感應是真，並不是夢！明偉和志雄當下被眼前的情景感動，也隨之伏地跪拜。人鬼雖云殊途，受苦無分彼此。唯有誠心懺悔自己的罪業，藉佛菩薩的慈悲加持，方得解脫。

心道法師的話

水陸法會已經流傳了一千五百多年，在這個法會的平台裡是沒有空間與時間之分的，法會中，四聖、六凡及十方法界的眾生同時匯聚在同一個空間裡，用懺悔的眞心、感恩的誠心，將不好的因素與種子懺除清淨，創造生命與生命之間生生不息的良性循環。

奇緣

「您好：我們是一群熱心的大學生，以下的內容如果打擾到您，請見諒！」公司的電子郵件中有一封主旨為「夜深誰是未歸人」的信，總經理方志誠（化名）的秘書打開郵箱，看到前面幾句，引起她的好奇心。信中說寒假時他們投宿高雄某家飯店，在房間玩相機，奇怪的是，當相片洗出來後，其中一張相片中，房間電視的螢光幕上清楚浮現出一男一女，然而當時根本沒有開電視。在百思不得其解之餘，他們想追根究底，所以決定第一步先透過網路，尋找影中人。

秘書一看到相片，不自覺地驚呼起來。原來，相片中的男子，便是他們公司的總經理方志誠！秘書把相片列印出來，拿給志誠。志誠對這張相片大感詫異，看著相片中的女子，她年約三十，素淨著一張臉，氣質溫婉和順。雖然面熟，但始終想不起曾在哪兒見過面？可是對這間飯店他確實不陌生……

前年，志誠在高雄接洽國外來的客戶，住的便是這間飯店。那天晚上，他曾隱約在陽台附近見到一個白色的影子，雖然直覺這個房間可能不乾淨，但因為只住一晚，也不以為意。返家後，家裡的答錄機又莫名錄到女子的哭聲。志誠雖然感到奇怪，但也只將之視為偶發事件，沒放在心上。

直到今天，親眼看到這張相片，志誠才不禁心裡發毛，全身起雞皮疙瘩。不知為何，他有種感覺：這名相片中的女子，就是前年出現在飯店陽台的鬼道眾生。推算時間，郵件和相片在網路上已經流傳了一年多；也就是說，相片中的女子如果和答錄機中的女子是同一人，那她跟著志誠至少一年以上。

深感困擾的志誠為解開心中的罣礙，透過朋友的介紹，到靈鷲山講堂尋求法師的幫助，希望能擺脫這個冥界的訪客。法師對志誠說：「師父曾說：『輪迴是自我煩惱的自轉。』她身為鬼道眾生，未曾接觸佛法，煩惱不斷，在六道輪迴中受苦，無法脫離三惡趣。因為與你有緣，才跟在你身邊。」志誠問：「雖然對她有些面熟，但我確定這輩子不曾認識她，這緣從何說起？」法師答道：「你這輩子沒見過，並不表示她跟你在累世累劫中沒有牽連。或許，她是你前世的父母或妻兒，在鬼道中受苦，希望你幫她超度，脫離苦海。」聽了法師的話，志誠心想：「累世累劫的善惡因果，牽扯難清。既然她來找我，也算是緣分，我不應一味恐懼、迴避，應該盡我的力量，對她伸出援手。」於是，便報名靈鷲山水陸法會內壇幫她超度，而且天天虔敬地念誦《地藏經》及〈往生咒〉，誠心將功德迴向給她。

就在水陸法會結束後，不到一週的時間，一個大雨滂沱的夜裡，志誠被雨聲吵醒，他見到相片中的女子，坐在床邊，向他點頭微笑。志誠才要開口與她說話，她卻又忽然消失。此時閃電劃破了夜的黑幕，窗外轟的一聲雷，睜開眼睛的志誠發現自己還躺在床上。但他心裡明白：這名女子，應該已經脫離鬼道，轉生善處了。

人生的苦痛，都是由於清明的自性被蒙蔽，以致於造了業障，在因果之中不斷循環。善善惡惡，苦苦樂樂，無非都是在六道中輪迴。而如何能得脫六道輪迴呢？只有皈依三寶、精進學習佛法，才有機會。經過這番遭遇，志誠接觸了人道以外的眾生，因此對他們的痛苦起了深刻的同情。並體悟到惡道眾生的業障深重、受苦無盡，如果無人替他們皈依、懺悔、行善，他們就沒有解脫的機會。志誠有此體會後，對佛法大生信心，學佛也更加精勤；而面對一些人世中的紛擾，也能轉念思考、泰然處之了。

心道法師的話

生命就是一個記憶體，過去的因緣所累積下來的一切，會在這一世當中顯現，而這一世所造的業，也將會記憶到來世。因此，不管好緣或壞緣都是緣，我們要接受並努力將它轉換成善緣的延伸，才能夠解脫生命的輪迴。

人間有情

愛蓮（化名）是個中學教師，課餘常參加佛學研讀班，對佛法研習活動相當熱衷且積極參與。由於此因緣，她見識了莊嚴隆重的水陸法會，並且從中啟發對生命的另一層認知。

第一次參加水陸法會，愛蓮在一位靈鷲山師姐的帶領下當志工。在參與的過程中，她將水陸當做一場朝聖，避免生起任何計較與煩惱，因此體會到水陸法會的殊勝。於是次年的水陸法會，愛蓮便帶著外甥來報名。外甥精神異常，家人曾將他送到精神醫院接受治療。然而，若讓他住院，家人心中不捨；若帶他回家，家人則心中不安。這個孩子使愛蓮姐姐一家陷入兩難，也影響姐姐的身體和心情。

某日，愛蓮要上靈鷲山時，靈機一動，便帶了外甥一起去，讓姐姐可以暫得休憩，也看看這個孩子能否受山上寧靜的氛圍影響，穩定自己的情緒。但小孩子畢竟比較沒耐性，做晚課時，外甥便吵鬧著要回家，哭叫吶喊，難以安撫。愛蓮帶他到祖師殿禮拜，一位法師見了說：「妳姐夫家的祖先有人正在受苦，要藉這個孩子讓子孫知道，所以孩子才會心神不寧。」愛蓮問：「那該怎麼辦呢？」法師說：「可以報名水陸法會，讓這個孩子當功德主，超度祖先受苦魂靈。」

水陸法會舉行時，愛蓮把報名了內壇的姐姐與外甥一同帶去參加。一到會場，外甥便坐立難安，吵著要回家，不願進入內壇。愛蓮見狀，便領著他們到梁皇大壇禮佛、誦經、懺悔。並在地藏王菩薩壇城前跪拜，誠心懺悔往昔所造的惡業，口中祝禱著：「請菩薩慈悲，度化我們歷代祖先及過去累世的冤親債主！」沒想到，禮拜完後站起身，姐姐頓時愁雲盡消。而外甥臉上的表情也變得舒緩平和，不再糾結，就像健康的正常人一樣，也不再胡亂吵鬧了。而且在水陸法會期間，不僅參與外壇佛事，還自己主動走進內壇，跟著儀式禮拜。法會過後半年，外甥不但恢復健康，更稍見豐腴。愛蓮從自己外甥的改變，體會到水陸法會的殊勝功德。

然而不僅人類可以蒙受水陸利益，一切有情眾生都是水陸法會超度的對象，因此均可藉此受惠。愛蓮家的老狗衰病纏身，相當痛苦。愛蓮便為牠報名水陸，超度牠的冤親債主。而就在奉請下堂時，愛蓮忽然感到眼前出現亮光，定睛一瞧，狗狗就在那團亮光中，混身精壯結實，抖著黑亮的毛，豎著雙耳，搖著尾巴，往愛蓮立處奔來。然而就在即將躍進愛蓮懷中時，倏地消失。愛蓮心中忽然一動：「狗狗不會往生了吧？牠是來這裡跟我告別的嗎？」內心擔憂不已。

回到家中，愛蓮看到狗狗一反生病後虛弱的模樣，雖然躺在毛毯上，卻仍有力氣對她搖尾巴，真是喜出望外，便拿出牠平時最愛吃的狗食來餵。沒想到狗狗連聞都不聞一下，更別說吃了。愛蓮心疼地輕撫著牠，說：「你連最愛的東西都吃不下，是要走了嗎？要走的話，記得在心裡念阿彌陀佛佛號喔！阿彌陀佛如果來了，你要記得跟著祂走喔！」接著愛蓮準備念佛機在狗狗身旁誦念佛號，隔天一早，狗狗便安詳往生了。愛蓮感激地暗想：「水陸法會的利益果然不可思議！」

因為深信「弟子虔誠，必蒙感應。」愛蓮始終誠心參加水陸，也因此有了說不盡的感應事例。深信只要虔誠參與法會，就會對過去、現在與未來的累世生命有所改善。感應或許是許多人參與水陸法會常有的體驗，但「有」是一種歷練，「沒有」也是一種福報，都應該以歡喜心去面對。

心道法師的話

水陸法會是一個眾善和合的大聚會，一切有情眾生皆受感召前來，聽經聞法，感應道交，攝受其中。大家來到這個地方，自然能生起念佛、念法、念僧的心，也就是念覺醒、念解脫、念清淨。

母羊的哀怨

嬋娟（化名）近來精神萎靡，平日熟練的工作事務也屢屢出錯。同事德霖（化名）趁午餐時關心詢問，才知道她近來每天夢醒時分，都會「看見」一頭羊，對她做鬼臉。人家是失眠時數羊，愈數愈睏；而嬋娟是愈數愈害怕，睡眠品質愈來愈差。

嬋娟跟德霖說：「我媽媽跟我說過，她年輕時養過一頭母羊，可是在一個下大雨的晚上，她忘了把羊牽進屋裡。母羊淋了一夜雨，後來便生病死了。她肚子裡還有八隻來不及出生的小羊。」「那麼羊魂找的應該是令堂，沒道理騷擾妳啊？」德霖接著問。嬋娟解釋道：「因為我媽媽已經九十歲了，沒有辦法親自處理。但是她心中一直十分懊惱，掛念著這件事，託我一定要超度這九條生命。之前我也曾到廟裡幫這些羊靈辦超度法會，可是沒用。一間拜過一間，不知辦了多少次超度，羊魂還是天天作鬼臉嚇我。到現在我還是一籌莫展，不知道該怎麼辦？」德霖答道：「可能妳去辦超度的寺廟舉行的佛事功德力不夠，而這九條生命的怨結太深了，所以超度不了。」嬋娟問道：「難道我就無計可施了嗎？」德霖跟她說：「靈鷲山所舉辦的水陸法會，具有極大的功德力，可以去報名。有心的話，就特別為這九條羊魂立牌位，並且親自召請它們來受供、受戒。」

嬋娟依德霖所言，立刻報名當年的水陸法會，在內壇供奉、超度這些羊魂。七天水陸法會期滿，嬋娟銷假上班，德霖問她情況，她說：「已經沒有再看見羊臉了，晚上也睡得不錯。」

一個星期過後，嬋娟又看見羊臉。只是這次羊臉沒有猙獰的樣子，而顯現出溫和滿足的笑容，對嬋娟頻頻點頭致意。這是嬋娟最後一次看見羊臉了。

心道法師的話

只要恨意能夠去除，就什麼事情都解決了；一旦恨意無法去除，就不能大和解。「大和解」，讓眾生去除恨意、解冤解業、寬恕彼此，讓彼此獲得空間與自由。你的恨意是我的苦因，而我的苦又形成你的恨，如果能夠彼此放下，不但你能解脫，我也快樂。

奇妙的佛法之旅

傍晚時分，船一艘艘入港。海風輕拂著白浪，就像起起伏伏的世情。住在蘇澳的春碧（化名）常在天氣好時到港邊散步；有時也去廟裡拜拜。某日，鄰居問她要不要一起去靈鷲山朝山？這是春碧第一次聽到靈鷲山這個名字。想想反正也沒特別的事，就到福隆、貢寮附近走走。沒想到因為這個偶然的機緣，開啟了她對生命的全新體會。

也許是機緣到了，春碧當日聆聽心道法師開示後，便皈依了佛教，並蒙法師親賜法名，自此由靈鷲山走上佛法修行的路。當時她五十多歲，在蘇澳共修處與靈鷲山的師兄姐共修〈大悲咒〉。雖然不識字，但春碧勤於問人，並且主動請回由心道法師所念誦的〈大悲咒〉錄音帶跟著學習，終於也能朗朗上口。從此之後，她便專心一意在靈鷲山學佛，常參與禪修、法會等活動，雖然忙碌，但很快樂，心中充滿法喜。

靈鷲山每年舉辦水陸法會，作為委員的春碧都幫忙勸募並擔任志工。而透過水陸法會，也讓春碧了解到亡者並非不存在，而是以另外一種形態與生者在一起。

春碧剛開始勸募水陸時，偶爾會忘了帶收據。某年，在水陸法會會場，春碧忽感身體不適，肩頸酸痛異常。原認為只要稍作休息即可，沒想到休息並未減輕她的酸痛，反而有加重的趨勢。眼看情況不對，春碧趕緊請心道法師加持。法師為春碧加持後，便要她去梁皇壇懺悔，春碧依言，不適感才漸漸消去。當日佛事圓滿後，春碧回家整理抽屜，發現一疊由紙條捲著的鈔票，才驚覺自己募了款，卻忘記替功德主報名。原來法會中的不適感，是一種警告，提醒自己所犯的疏忽，也讓她日後對工作更加謹慎。

又有一次，春碧親眼見到睡在她隔壁床的志工家欣（化名）師姐突然全身發抖、直冒冷汗。家欣醒後對春碧說：「太恐怖了！我剛剛夢見台北市發生火災，連死者名單和他們的面貌都看得一清二楚。」不斷發抖的家欣師姐，在春碧的安慰下，心情總算平復。不料，隔天看報紙，報上登的火災新聞，竟與她所描述的夢中情景完全相符，連死亡名單都一模一樣，令人毛骨悚然。春碧和家欣一同將此事報知心道法師，法師便向家欣說：「火場中的死者讓妳夢見當時情境，表示跟妳有緣。妳不妨幫他們超度，依報紙上的亡者名單，一一幫他們立牌位。」家欣師姐不只依此而行，還主動到醫院探望生還者，果然之後便不再夢見火災的情景。

另外一件春碧親眼見證的感應事蹟，是有位淑惠（化名）師姐在「幽冥戒」即將圓滿，功德主繞佛時，忽然失聲痛哭。在春碧關心詢問下，淑惠才說出其中原委。原來，淑惠師姐的姐姐往生了，她幫姐姐立了超度牌位，而且她在繞佛時看到過世的姐姐前來向她致謝。一想到姐妹從此陰陽兩隔，才情不自禁地哭了起來。事實上，淑惠在幽冥戒之後身體就一直不舒服，一直到送聖還好不了。春碧帶著淑惠去見心道法師，沒想到心道法師看到淑惠後卻說：「這是好事。」接著在她的肩膀上左右各拍一下，沒多久，淑惠竟然慢慢地恢復了。淑惠師姐說：「真的很感謝師父，因為在幽冥戒時，姐姐就是從背後拍我的肩膀，讓我回頭看見她。」

還有一位來自美國的佩穎（化名）師姐，是春碧妹妹的朋友，罹患淋巴癌第三期，她在春碧的幫助下報名了水陸內壇。原本醫師已經宣告她的時日不多，但是她卻足足延壽了一年有餘，而且是睡著往生的，沒有痛苦，這樣的因緣讓她的同修深覺不可思議。由於親身見證了佩穎師姐藉著水陸法會與冤親債主解冤釋結，得到解脫。從此，佩穎師姐的同修每年都續報內壇，並同時參加外壇的放燄口及放生，因為他相信諸佛菩薩的加持，能使人離苦得樂。

春碧從許許多多的見證感應中深刻地了解，不能因為我們平常看不到、摸不著，就否定鬼道眾生的存在；而鬼道眾生的存在，正證實因果業報的真實不虛。水陸法會提供一個轉化的平台，讓我們有機會認識了脫生死、離苦得樂的方法，進而轉識成智。當我們透過水陸法會超度幽冥眾生，其實也是在耕耘自己的福田。而藉由法會中兢兢業業地念佛、念法、念僧，不斷觀照自己的行為與心念，也能讓自己有所提升，在佛法的七寶塔中更上一層樓。

心道法師的話

在水陸法會的七天當中，我們要歡歡喜喜地供養、歡歡喜喜地服務、歡歡喜喜地懺悔、歡歡喜喜地禮拜、歡歡喜喜地去除一切障礙，成就菩提。我們要歡歡喜喜地和四聖及六凡眾生在這裡共同會合參與。我們禮拜、懺悔，共同致力於轉識成智、去惡生善、去除一切無明煩惱、得一切智慧的功課，同時希望大家能轉去一切厄運，得一切善法，獲得吉祥與福祉。

◎名詞解釋

・告赦：水陸法會儀式中，要請諸天神佛暫赦惡鬼、地獄道眾生，使其能暫時自由行動，赴法會受供、聽經聞法。主要是請梵釋二天捷疾持赦使者，帶著赦書、赦牒通知梵天、帝釋天、地府及城隍等地方境內，使之能放行受苦眾生赴水陸道場。

・海潮音：據《大佛頂首楞嚴經》：「佛興慈悲，哀愍阿難及諸大眾，發海潮音，遍告同會。」《妙法蓮華經・普門品第二十五》載：「梵音海潮音，勝彼世間音。」原指佛菩薩說法，遍告與會者之音；亦有取「說法契機，如海潮之不失其時也。」為訓者；後來泛指僧眾唱讚誦經之聲。在台灣也指國民政府遷台後，大陸抵台僧人所傳之梵唄唱腔。

・**迴向**：《大佛頂首楞嚴經》卷八云：「覺明保持，能以妙力，迴佛慈光，向佛安住。猶如雙鏡，光明相對，其中妙影，重重相入；名迴向心。」已解釋「迴向心」。又云：「滿足神通，成佛事已。純潔精真，遠諸留患。當度眾生，滅除度相。迴無為心，向涅槃路。名救護一切眾生，離眾生相迴向……性德圓成，法界量滅，名法界無量迴向。」提出十迴向。綜合這兩種說法，則迴向即以己身清明之佛性，使法界一切覺知佛法、佛性。而迴向分普遍與專門二種：普遍者，即將自己所修之佛法，與所有三界六道眾生分享；專門迴向者，即將自己所修之佛法，由自己或自己祝福的特定對象獨享。

・**三惡趣**：即三惡道，見《妙法蓮華經》卷一〈方便品第二〉。六道中，地獄、畜生、餓鬼稱三惡趣。若生前造五逆十惡，將墮地獄；深著五欲，將墮畜生；吝嗇、邪見、犯戒、不信因果，將墮餓鬼。惡道眾生生前造惡故墮惡趣，若無人為之超薦，則難有機會脫離苦報。

・**自性**：即自我本身之性。《楞伽經・三自性差別分第十三》中云三自性為「妄想自性」、「緣起自性」、「成自性」。謂應該破除前二者，才能達到成自性如來藏心，亦即聖智所得及自覺聖智趣所行境界。後世習慣只用「成自性」之意，以自性為人心中之佛性種子。

・**外壇**：水陸法會有外壇、內壇之分。依清儀潤彙刊《水陸法會儀軌會本》卷四〈經懺門〉所述，外壇除設梁皇大壇外，尚設華嚴壇，二人，誦《華嚴經》一部；法華壇，六人，誦《法華經》；

楞嚴壇，六人，誦《楞嚴經》；諸經壇，六人，誦《無量壽經》、《觀無壽佛經》、《金光明經》、《圓覺經》；淨土壇，八人，念佛號。除大壇外，各小壇最基本為上述五壇。台灣寺廟舉辦的水陸法會，有的也會增加藥師壇，而諸經壇所誦經典，也可以在主法法師同意下增加。

・**超度**：超度意指超越生死，共渡涅槃彼岸。超度可分三種：一為現生中能令迷妄者、邪見者，導歸正見，由思想上的矯正，破迷啟悟，乃思想上的超度。二為現生中能依正見而起修，因修而證悟，得入涅槃，因而解脫生死，遠離六道輪迴，是名現生超度。三為死亡後，眷屬以虔敬之心邀請法師為亡者開示、念佛、誦經、做佛事……等等，令亡靈得以往生淨土，是名善後超度。

・**受戒**：在水陸法會中之「幽冥戒」儀式，藉由主法法師觀想，授戒法予六道群靈。

・**幽冥戒**：水陸法會儀式之一，在奉請下堂之後，行奉供下堂法事之前，於黃昏時舉行。又稱「說冥戒」。主要是為六道群靈、受薦亡者授戒法，使之身心清淨後，具足善念。幽冥戒主要希望眾生學善守戒、出離痛苦，進而冥陽兩界解冤解業。佛事最後，由主法法師帶領其他法師及功德主繞佛稱念五百聲「西方極樂世界大慈大悲阿彌陀佛」，歸位後，眾人同唱《華嚴經・普賢行願品偈》，完畢後起立，舉三皈依，三拜後各回其位。

・**放生**：放生源於佛典中的戒殺生食肉以及對一切生命體的救護。《梵網經・卷下》記載：「若佛子以慈心故，行放生業，一切男子是我父，一切女人是我母，我生生無不從之受生，故六道眾生皆是我父母。……若見世人殺畜生時，應方便救護解其苦難。」而如《金光明經．流水長者子品》亦詳細記載釋迦牟尼佛過去世救護生命的故事。水陸法會期間舉行放生，但放生的時間、地點不公佈，並以生命力強的動物為主。放生時須先經法師誦經、灑淨、為動物三皈依，再將動物運送到少為人知的地方，依動物不同的屬性，放牠們重返自然。

・七寶塔：《妙法蓮華經．見寶塔品第十一》：「爾時佛前有七寶塔，高五百由旬，縱廣二百五十由旬。從地湧出，住在空中……爾時寶塔中出大音聲，嘆言：『善哉！善哉！釋迦牟尼世尊，能以平等大慧，教菩薩法，佛所護念，妙法華經，為大眾說。如是如是，釋迦牟尼世尊，如所說者，皆是真實。』」佛教徒常建七寶塔供佛，海內外有不少名寺與名塔。

◎心得分享

- 參加水陸應秉持何種心念，以免與惡道相應？
- 受召請而來的鬼道眾生，可透過哪些佛事流程，得到水陸法會的利益？
- 三惡道是什麼？眾生因何種業因而墮入三惡道？
- 為什麼脫離輪迴才會有真正的安樂？六道眾生在三界中生死輪迴，會受哪些苦？
- 我們為什麼要與眾生結善緣？業的果報是否一定會有現前的

時候？

・善業、惡業的根源，是在起心動念之初，還是做出來的行為？「一念善心」對自己和他人是否會有正面的影響？

・在水陸法會中，我們為什麼要避免生起惡心？

・寵物屬於六道中哪一道的眾生？我們可以為寵物報名水陸嗎？

・以怎樣的心念參加水陸較易有感應？為什麼有些人參加水陸法會很容易有感應？有些人則否？

・我們為什麼要愛護一切生命體？畜生道的眾生與人有沒有互動或關聯？

- 殺生所結的惡緣，是否可能影響我們的身體健康與壽命長短？
- 超度是生命間解冤釋結的重要方法，試問，若於水陸內壇超度畜生道眾生，其將列於上堂或下堂？。
- 如何透過水陸法會，精進自己的修行？念佛、念法、念僧與觀照自性有關係嗎？
- 試述放生佛事的經典來源與注意事項？
- 水陸法會相當注重懺悔，試述懺悔的意義？《準提陀羅尼經》曾指出誠心懺悔可於夢中顯現淨罪相，請試舉出一、二項。

利生篇

廣結善緣，利益眾生

我們要以樂觀、積極的心來面對所有的緣，積極行善，以樂觀、積極、正面的態度來對應生活，就能利益眾生，我們的善緣也就會具足，在我們周圍的眾生，都會成爲我們的福田。

在轉彎處發現新生命

「來、來、來！坐車看風景，坐船看海景，坐飛機看雲景，要買水果來這兒挑！俗又鮮个水果，最俗最好吃个攏佇這兒！」（台語）洪仔（化名）一大早便大聲地叫賣，他來到台南已經兩年多。每天天未光，便到果菜批發市場，批水果到金華市場擺攤。日子雖然辛苦，倒也充實。

一九九二年，他在高雄開的公司，因為資金周轉不靈，萬分無奈宣告破產。於是洪仔帶著妻兒遠赴台南，一無所有。準備憑一雙赤手空拳，在金華市場重新站起，扭轉人生。

當時，市場裡一位賣素食的師姐，去了一趟靈鷲山，回台南後就熱心號召金華市場的朋友，加入護持靈鷲山的行列。洪仔夫妻出於好奇，便跟大家一起搭遊覽車前往東北角，朝拜傳說中的靈鷲山。

他們從台南出發，到達福隆已經半夜了。那時候要上山，只能循著碎石小徑，沒有遊覽車可搭乘。一行人手牽手，一步步小心摸黑前行，走了不知多久，終於有燈光映入眼簾。在燈光的指引下，眾人進了殿門，沒想到心道法師正在溫暖的燈光中等著洪仔他們。洪仔第一次上靈鷲山，便覺得像回到家，此後常常參加靈鷲山的活動。

靈鷲山一九九四年舉辦第一場水陸法會時，洪仔也主動前去擔任志工。但當法師問洪仔要不要報名內壇時，經商失敗，還在還債的洪仔，卻因身上實在沒有多餘的錢，十分猶豫是否要報名。法師瞭解他的處境，便開示道：「布施要看機緣和心意，有時候有錢不見得有機緣。如果能在困苦中布施，就是替未來種下一顆善的種子。」洪仔因此豁然開朗，把握機會報名內壇，希望盡一己之力廣度有情、締結累世善緣，實踐心道法師「生命服務生命，生命奉獻生命」的理念。之後，洪仔更常宣說、讚嘆水陸功德，也因此在生命中結下不少善緣。

瓊芳（化名）便是洪仔廣結的善緣之一。瓊芳是洪仔的小學同學，一九九九年，瓊芳因開刀調養了一個多月，但身體並未好轉，反而一直衰弱下去。到了一九九九年底，她已虛弱到連走路都要人攙扶。於是瓊芳打電話給洪仔說：「我開刀時，夢到小朋友在床前亂跑，我看了相當痛苦。開完刀後心裡一直懸著，不知道該怎麼辦？其實我以前拿過小孩，現在想幫他超度，但是騙人的神棍那麼多，可不可以請師兄你幫忙介紹可靠的法師？」

洪仔聽到瓊芳的敍述，便帶著心道法師加持過的佛水趕赴瓊芳家。先前在電話中只覺得她講話很慢、很小聲，有氣無力的；見到本人，才知道她的身體比想像中更加衰弱。洪仔立刻說：「我先為妳在無生道場大殿點一對七佛燈，妳自己要發願報名水陸法會內壇來超度亡靈。」瓊芳問：「水陸法會什麼時候舉行？」洪仔回答：「明年農曆七月。」瓊芳嘆氣道：「洪師兄，我恐怕等不到明年七月。」洪仔說：「妳要相信水陸法會的功德利益，現在報名就能有一定效果。」瓊芳當下填好報名表，洪仔便帶著她將超薦功德迴向給冤親債主。

回到台南，洪仔便忙著過年前的生意。沒想到隔沒幾天，瓊芳便主動連絡洪仔，表示供燈並報名後，身體已有所恢復，希望上靈鷲山禮謝。在崎嶇的山路間，大病初癒的瓊芳一路持誦觀世音菩薩聖號與〈大悲咒〉，憑著精神毅力上山參拜。原本瓊芳是無神論者，只相信科學，至此之後便改變觀念，對佛法生起信心。等到隔年親自參加水陸法會時，跟隨三師如法如儀地虔誠懺悔、發願，超薦幽冥眾生後，瓊芳更顯得容光煥發，不再有病容。

因為水陸法會的殊勝功德，生命間產生了善的連結；在利益眾生的同時，水陸法會更藉由其莊嚴與靈感，啟發人彼此互相幫助的善念，以及虔誠、恭敬之心。

二〇〇八年的水陸法會，仍在擔任志工的洪仔更體會到服務眾生要慎重的必要性。這是因在法會前，有位師兄打電話來報名外壇，當時好夢方酣的洪仔起身記下來功德主的名字與住址，之後便繼續補眠。醒來後，洪仔和妻子一起到水陸法會現場幫忙。正在繁忙間，忽然聽人高喊道：「洪師兄！你們家師姐快要暈倒了。」洪仔的妻子述說著身體的不適，並感覺腳跟像被人抓住般僵硬，連樓梯都爬不上去。此時洪仔猛然想起，自己似乎忘了把前晚報名外壇的師兄的報名資料帶來，於是馬上折返處理此事。說也奇怪，報名圓滿後再問同修，她已經恢復正常了。

心道法師說：「水陸法會，就是生命服務生命，生命奉獻生命，也就是大家彼此供養、彼此服務，彼此造福的時候。我們參加水陸法會，可以造福無邊的眾生，自己也得到無量的善緣。」透過多年的盡心奉獻，洪仔因水陸法會結下了許多善緣，由於得到眾人的認同與信任，生意也做得有聲有色。奉獻與服務，開啟生命更高的境界，人生也因此看到不同的視野。

心道法師的話

我們做水陸法會，主要是爲了延續與傳承佛法的慧命，這是無量成佛的基本信念。我們透過法會及眾生的因緣際會來傳播佛法，當法會結束，大家各自回到自己的家以後，要善用各種與人接觸的機會，散播佛法的種子。這種對佛法信念的堅持、對菩薩道的投入，會讓我們超越個人、家庭、生死的分際，使得一念清淨的菩提心得以傳續，融入生命的整存。

重見陽光的幽谷百合

寧靜的小街，緊鄰著繁華寬廣的大馬路。街上一家連鎖髮廊裡，阿蓮（化名）正在按摩客人的肩、頸。她是店裡的美容經絡師，個性爽朗樂觀。然而她的人生，卻充滿了坎坷，不僅婚姻不幸、孩子誤入歧途，還要獨自承擔家計。心中苦楚無處傾訴的阿蓮，在一次機緣下，因朋友的引領，接觸了靈鷲山的水陸法會，阿蓮心中期盼藉由超度消災、解冤解業，改變自己的人生。

剛開始阿蓮有些猶豫，因為報名水陸的這筆費用，並不是她一次能拿得出來的。幸虧後來在朋友幫忙下分期繳納，這才參加了靈鷲山的水陸法會，得以超度夫家歷代祖先，與冤親債主們釋結解冤。更彌足珍貴的，是阿蓮由此得以接觸、修習佛法，藉著佛法，得到精神上的解脫。

由於在婚姻中飽經折磨、受盡苦楚，阿蓮平時言談，總是以幽默及自我調侃來化解愁惱，也因為自己的苦，她對受苦的人總能感同身受，主動伸出溫暖的雙手。有情眾生無論生、老、病、死皆是苦，其中尤以死亡最讓人難以接受，於是阿蓮將重心放在「臨終關懷」的服務，直接面對生死現場，以最立即的接緣方式，使生者、亡者皆能接觸佛法，亡者往生樂土，生者則得以心靈安穩。由於阿蓮一定在八小時內趕到助念現場，盡心盡力幫忙，因此開導過不少家屬。而在臨終關懷的過程中，阿蓮深深領悟人的苦痛與傷悲，唯有通過佛法才能超脫。人若能了解自己的苦來自前世今生的業障、因果，才能生起懺悔心，並主動學習佛法以解冤釋結，離苦得樂。

諸多懺悔法門中，水陸法會是最隆重、盛大的。因此每年的水陸法會，阿蓮必定勸募大家一起參加，無論認識與否。但是她也不會過度催促、強求護持，只是在日常生活中處處以佛法的智慧助人，分享透過水陸法會解冤釋結的真實案例，將學佛的種子種下苦難者的心田，期盼時機一到，花開果熟。而每當朋友對水陸法會有疑問時，阿蓮也毫不馬虎，盡心盡力地解答；不能確定的，就請教法會的執事法師，不敢有一絲疏漏、錯誤。

參加水陸多年後，有一年阿蓮跟著靈鷲山教團到清邁朝聖。禮拜諸佛時淚流不止的她，在迴向時忽隨著心中的聲音脫口念道：「願代眾生受一切苦，願度一切眾生。」法師告訴她，這或許是自性佛的感悟。過去世曾發願度眾，在適當的時間、地點，便激盪出相應的願力。自此，阿蓮更加精進，將個人的苦，轉化為關懷大眾的慈悲、利他之心。不僅發願在他人的需要上發現自己的責任，也常回山體驗禪修，以寧靜的力量沉澱情緒，管理身、口、意，而這也使她的水陸推廣工作更為順利。

阿蓮在推廣水陸法會的過程中，並非皆是一帆風順。然而透過禪修以及在法會中修行，她懂得放下我執，因此不受負面情緒影響，而這樣的體認，也往往助她將逆緣轉化為增上緣。經過不斷自我精進、締結善緣，阿蓮改變了自己，也改變了身邊許許多多的人，讓生命更深化，靈性更提升。而最令阿蓮欣慰的，是學佛多年後，時常逞兇鬥狠的孩子，彷彿受她正面的心態影響，逐漸有了性格上的轉變。因此，她期許自己繼續廣結善緣，累積更多福德資糧，希望度來一位貴人，幫助孩子回歸正道、早日學佛。

承擔護法委員至今，阿蓮時刻提醒自己須以身作則，方能使人信服。而今，阿蓮心無罣礙，認真護持佛法，並效法觀世音菩薩聞聲救苦的慈悲大願，以佛法救度世間苦難的靈魂。每當遇到在苦難中掙扎之人，總是勸他們參與水陸來調心轉念、由衷懺悔，並秉持心道法師的教導，放下我執、煩惱，發菩提心。而阿蓮這一切的生命轉變，都是從接觸水陸的那一刻開始。

心道法師的話

學習佛法除了懺悔自心，更重要的是發菩提心、行菩薩道。普賢十大願就是菩薩道行持最好的法門，靈鷲山的水陸法會，就是體現普賢十大願的佛國道場。大家在水陸過後，仍要持續地懺悔、發願、行菩薩道，這樣水陸精神就會不斷地在日常生活中延續。

佛恩深似海

晚鷗點點，伴隨著一艘艘漁船，在水平面上忽隱忽現。波光粼粼，似機場上的導航燈，將漁船一一引領入港。啟宏（化名）站在港邊，指揮公司的人員，由岸邊到船上，迅速而熟練地將工作分配好，很快地完成入港作業。

啟宏自幼便失去了父親，但並不為艱困環境所擊敗。他憑著自己勤奮的雙手和靈活的頭腦，在二十四歲那年便開設船務公司，擔任董事長。他一向善於審時度勢，迅速判斷，提出最適合的計畫。專注於事業的他，很少接觸佛法；但是家裡的老母親與同修倒是對學佛十分熱心。每次母親與同修報名水陸法會，啟宏當然都是功德主。但是啟宏因為事務繁忙，又覺得誦經、拜佛過於辛苦，所以都只負責出錢，對於拜懺、禮佛、念經等佛事都敬謝不敏。

每年的水陸法會，啟宏都會載母親、同修，連同一位朋友彩芹（化名）師姐參加。母親、同修與彩芹都希望藉此接引啟宏一同學佛，然而啟宏往往找藉口拒絕。後來，不知是否因緣成熟，有一年，在三人懇切期盼的眼神中，啟宏終於願意踏入法會現場。彩芹高興地領著啟宏走上樓梯，在一、二樓間的樓梯口要啟宏看看內壇的擺設，內壇盛大莊嚴的景象，讓原本堅持己見、無意參與的啟宏深深受震撼，感動莫名，但啟宏又心想：「如果此時脫口讚嘆法會，彩芹師姐要求我入內壇拜佛，不就沒完沒了？」所以極力把心情克制下來。彩芹見他沒說什麼，臉上也沒有特別的表情，雖有些失望但仍不願放棄，便說：「我帶你去參觀梁皇壇。」

當兩人走向地下二樓的梁皇壇時，沿途階梯走道的牆面上貼滿了成千上萬的齋條，簡直數也數不清。此時心中已有所觸動的啟宏暗想：「如果能在這十多萬張齋條中看到我的名字，我就進內壇拜佛。」一心念才動，就聽見彩芹的聲音：「你看！你的名字寫在這裡！」啟宏聞言猛然抬頭，便看到自己的名字端端正正地寫在其中一張齋條上，心中再次受到震撼，於是便依心中先前的許諾，誠心參與水陸。當內壇佛事圓滿之後，梁皇壇的執事法師開口相邀，希望啟宏以後能擔任梁皇壇的志工，而啟宏也爽快地答應了。

啟宏身體力行打水陸，也因此在法會中見證了許多感應事蹟。有一年，他負責梁皇壇「燄口區」的維護；一天，啟宏帶著一位劉師兄跨越紅繩進入燄口區，沒想到劉師兄忽然自肩膀以下，寒毛豎起，全身起雞皮疙瘩。劉師兄趕緊叫住啟宏，要啟宏看這個奇怪反應。啟宏眉頭一皺，請劉師兄退到紅繩外，劉師兄馬上恢復正常；再進紅繩區，又全身起雞皮疙瘩。這個不可思議的現象，讓啟宏再次親身見證跨越千年時空的水陸場域是如何地不可思議，也惕勵自己工作時一定要用心、攝受，心思要更細膩地照顧到所有有形、無形的眾生。

平日漁船一出海，網上來的便是成千上萬的生靈。啟宏自從擔任靈鷲山的水陸志工，更深深體會到因果輪迴的真實不虛，所以平日便時常持誦《梁皇寶懺》，藉此懺悔自省，並迴向給入網的眾生。某日，在念誦《梁皇寶懺》時，不知何故心煩意亂，無法發出聲音。

即使先行靜坐，還是無法專心拜懺。他上山請教心道法師，只得到一句開示：「向上發！」啟宏不明所以，心中隱隱生著悶氣，回家一拿起《梁皇寶懺》，便將鬱結在胸口的氣化為聲音，大聲地念誦，沒想到如此做後，之前念不下去的部分，居然已能順利進行。

水陸法會長達七天，事務繁瑣，因此每年打水陸便是要調和身心、考驗自身修行之時。參與水陸多年，啟宏從中學習謙卑柔和、服務奉獻，也因此更得人緣。水陸法會為他的生命帶來轉變，使他的身心更自在，逆緣來時也能當機放下。佛法教我們經營管理生命，所有的水陸志工如同千手千眼觀世音菩薩的手與眼，秉持著服務的心念，從事自利利他的工作，並以此締造一切的善緣與福氣。

心道法師的話

如何讓水陸的能量更能夠發揮，就是要啟動利益眾生的清淨菩提心，而這也是靈鷲山的宗風「慈悲與禪」，禪就是守護我們的心，慈悲就是利益眾生。在水陸法會期間，要無時無刻地呈現宗風，並且明白守住自心、不放逸，耐心、耐煩地與人相處，積極正面地服務大眾，共同守護我們的一念善心，慈悲一切法界、慈悲我們的地球。

倒空滿溢的心

「非常感謝各位同仁的努力，本公司今年業績又創新高。照例我們要頒獎給本月業績第一名的業務經理，那就是——徐志芳（化名）小姐。」一在大家的掌聲中，志芳從總經理手中接過了獎狀與獎金。這是她第七個月拿到業績冠軍，看來今年的總冠軍也在望了。志芳是一家保險公司的業務經理，入行三年來，幾乎每個月業績都是第一名。而熱心的她時常助人，並且對護持佛法也毫不猶豫，每每參與認捐，相當慷慨、乾脆。

然而就在志芳家庭美滿，事業蒸蒸日上之時，卻傳來丈夫意外過世的惡耗。頓失情感依靠的志芳，陷入悲傷與慌亂交織的情緒中，短短幾天，竟足足瘦了九公斤。這時有位靈鷲山的師姐邀她一起到台北講堂聽心道法師說法，希望藉此稍微弭平志芳心中的痛楚。聽法後，志芳跪在心道法師前，淚流滿面地泣訴亡夫的好與自己內心的遺憾。面對志芳的悲傷，心道法師沒有太多勸慰，只是將雙手伸出，手掌向上，說：「妳放下身段來學佛，來當志工，做廣結善緣的工作。先從掃廁所開始吧！」這句話彷佛一盞明燈，為心慌意亂的志芳指明了方向。心道法師不僅為她皈依，又交代靈鷲山的法師們，依循佛教禮儀，協助志芳圓滿完成告別式。志芳感念法師的安慰與幫助，便全心全意投入靈鷲山的弘法活動。不僅負責法師的接送及交通安排，也協助募款，可以說是跟著心道法師跑遍全台。

然而好景不常，幾年後障礙出現，能邀約到的護持志工變少，自己家裡的經濟也突然出現危機。由於兩個孩子遠居國外，志芳只能獨自面對這些波折與橫逆，幾近心力交瘁。某日上山，巧遇心道法師。沒想到法師當面便說：「妳煩惱一堆，沒有超度到妳老公！」志芳想不通，這十幾年來她讀佛經、做志工，也認真參與水陸法會及其他各種大小法會，竟然沒有超度到亡夫！問題到底出在哪裡？這個疑惑一直放到下山前，她終於忍不住向心道法師請示，法師微笑著說：「妳持誦《地藏經》一百零八部迴向，便能明白。」

回家後，志芳靜心持誦《地藏經》。到了第三十六部，志芳念道：「一切眾生未解脫者，性識無定……如魚游網。將是長流，脫入暫出，又復遭網。」、「南閻浮提眾生，其性剛強，難調難伏。」

心中忽然悟到：「眾生習性剛強難伏，並不是當願委、報水陸後，親人就能成功領受超度功德。」而自己一向在法會中忙於工作，忽略了召請。難怪超度不到丈夫。自此之後，志芳參與水陸總是按照儀軌進行，不因忙碌而遺漏該進行的佛事流程。並且，她也常建議願委們在出門勸募水陸法會前，要祈求佛菩薩加持，讓被勸募者善緣具足，生歡喜心，才能為歷代祖先、冤親債主報名參加如此殊勝的法會。更鼓勵已經參與法會者，提高自己的修行品位、年年不斷精進，從燄口、梁皇到內壇，如九品蓮花般層層提升，讓心識埋藏佛法的種子。

十幾年來，志芳負責接送法師們往來各處弘法，不畏路遠，不辭辛勞。直到近年來才因視力退化而交棒。在學佛的過程中，她漸漸放下自己的傲氣，聽法時也學習倒空滿溢的心，虛心接受佛法教誨。在行動上，她除了加入負責安排交通的大願隊，也是水陸願力委員之一，更協助教團積極推動生命教育；在思想上，她則從佛典啟悟人生的智慧。志芳心有所感地說：「《水懺》說，三寶是一切眾生良友福田，能歸向者，則滅無量罪。《金剛經》教我們應無所住而生其心。《普門品》中提到觀音菩薩應以何身得度者，即現何身而為說法。《法華經》說世間的虛幻無常。《梁皇寶懺》強調去除貪瞋癡，消宿世業障。人要讀經，才能有智慧。若能好好持誦，菩薩一定會跟你開示。」

志芳追隨心道法師弘法的腳步，至今已二十年。歷經風風雨雨，看著靈鷲山的水陸法會啟建至今已逾二十個年頭，規模也堪稱全國之最，她深信這絕非偶然，是諸佛菩薩從中護佑，才能使法會功德得以宣揚，眾生得度。如今，志芳仍舊努力在自己的工作崗位上廣結善緣，學習轉業力為願力，還自己一個清淨的本心。

心道法師的話

一個有價值的生命，靈魂是安定的。因此，我們不只要超度無形的眾生，更要超度自己的這顆心，心安定才有能力推動祥和的信念。個人能力雖有限，但當我們感動自己，感動身邊的人，大家一起來做度化的工作，就能夠形成更大的安定力量。因此我們要不間斷地去做、去執行、去感召，讓這個社會平安、人人都平安。

◎名詞解釋

．**供燈**：即以燈供佛，稱為「燈明」。有油燈、燭燈，而不分晝夜長燃之燈，稱「長明燈」。燈明為佛教六種佛前供品之一，另五者為水、塗香、花、飲食、燒香。燈明代表智慧。《佛說施燈功德經》記載：「若有眾生於佛塔廟施燈明者，得於四種可樂之法。何等為四：一者色身，二者資財，三者大善，四者智慧。」而《佛為首迦長者說業報差別經》也載施奉燈明有十種功德。

．**功德主**：指出資布施，供養、護持三寶的人。一般而言，水陸法會中之齋主，即此會之功德主。

．**懺悔法門**：反省並改正己身所犯之惡的修行方法。在佛教中認為生命受到罪業影響，讓我們遭遇障礙，感到痛苦。而除障拔苦的方法，便是修持懺悔法門。在佛法修持過程中，懺悔法門是修行的「道前基礎」。在修持佛法過程中，懺悔能除去障礙，使修行順利。《四分律行事鈔資持記》卷中四下〈釋懺六聚法篇〉釋云：「懺是能懺之心，六聚即所懺之罪，法謂懺之軌度。梵云懺摩，此翻悔往。有言懺悔，梵華雙舉。《準業疏》云：『取其義意謂不造新，懺謂止斷未來非，悔謂恥心於往犯。』有將『懺』字訓首訓鑒，義雖通德，華梵須分。然懺通化制及以理事，今此且據制教事……」

．自性佛：能了解及體證自身所具之佛性，即為自性佛。此詞由禪宗六祖惠能提出，《六祖壇經》云：「善知識！既歸依自三寶竟，各各志心。吾與說一體三身自性佛，令汝等見三身，了然自性。……法身本具，念念自性自見，即是報身佛；從報身思量，即是化身佛。自悟自修自性功德，是真歸依。皮肉是色身，色身是宅舍，不言歸依也。但悟自性三身，即識自性佛。」

·我執：又稱人執、生執。因執著實我之意，而產生「我」與「我所」的妄想分別。有情眾生的迷惑狂亂，皆因執著而生起煩惱，造作種種善惡行為，因此才會在六道中流轉。《俱舍論·破執我品第九之一》云：「由我執力，諸煩惱生。三有輪迴，無容解脫。」《成唯識論》云：「如是所說一切我執，自心外蘊，或有或無；自心內蘊，一切皆有。是故我執，皆緣無常五取蘊相，妄執為我。」

·齋條：上面寫有功德主姓名及設齋供養內容的紅色長紙條。在水陸法會會場中，通常貼於外壇。功德主姓名可獨書，亦可合書。

·性識無定：《地藏經·閻浮眾生業感品第四》中提到：「眾

生未解脱者，性識無定，惡習結業，善習結果，為善為惡，逐境而生。」性指性情，識指感受、思維。《心經》云「眼」、「耳」、「鼻」、「舌」、「身」、「意」六識，唯識宗則有「八識」之說。

・**九品蓮花**：往生行者所坐之蓮臺，依其修行品位分為九等，稱九品蓮花。在《佛說觀無量壽佛經》中有詳細解說。在此比喻功德主在水陸法會中，不斷地精進、提升。

◎心得分享

・水陸法會可能對參與者的生命帶來哪些幫助？為什麼我們能在水陸法會中學會服務與奉獻的重要？

・發心布施與自身經濟能力是否有關？為什麼？

- 業障從何而來？在業力中我們如何累積福德資糧？
- 人生的困厄要如何才能得到究竟解脫？水陸法會傳達了怎樣的生命教育觀？
- 超度與孝道有沒有關係？參與水陸法會可以讓家庭圓滿和樂、事業蒸蒸日上嗎？試述原因。
- 水陸志工主要從事哪些工作？「自利」與「利他」能兼容並蓄嗎？
- 報名水陸後，水陸期間是否一定要如儀地進入內、外壇參與每場佛事，這樣才會有功德？如果時間不允許，是否有其他的變通方法？
- 水陸期間舉辦燄口佛事的意義？放燄口有何禁忌？

・是不是只要報名水陸，親人一定可以獲得超度？

・故事中，心道法師以「掃廁所」比喻修行，請試述自己修行過程中的體會。

・如何轉業力為願力？請分享自己生命中的實例。

・人的個性及行為可能透過水陸法會改變嗎？請分享自身經驗。

參考資料

◎經典

‧〔西晉．月支〕竺法護譯：《佛說盂蘭盆經》（收入〔日本〕《大正新脩大正藏經》（中華電子佛典協會電子化）第 16 冊 No.685）。

‧〔姚秦〕鳩摩羅什譯：《佛說阿彌陀經》（收入台北縣：菩提觀音寺《淨土五經》中，2004 年）。

‧〔姚秦〕鳩摩羅什譯：《維摩詰所說經》（台北：佛陀教育基金會，2007 年 5 月）。

- 〔姚秦〕鳩摩羅什譯、〔明〕蕅益智旭科：《妙法蓮華經冠科》（台北：華嚴蓮社，釋南亭倡印，1979年7月）。
- 〔北齊〕天竺那連提耶舍譯：《佛說施燈功德經》（宜蘭：中華印經協會，2004年1月），www.sutra.org.tw/ebook/a/book_a_13.htm，2014年5月23日。
- 〔劉宋〕求那跋陀羅譯、〔宋〕楊彥國詮註：《楞伽經纂》（台北：中華電子佛典協會，收入《中華大藏經》第97冊，NO.1821）。
- 〔劉宋．西域〕畺良耶舍譯：《佛說觀無量壽佛經》（台北：中華電子佛典協會，紙本收入〔日本〕《大正新脩大藏經》第12冊，NO.365）。

•〔梁〕釋寶誌等撰：《水陸儀軌會本》（台北：宏願出版社，1993年）。

•〔隋〕瞿曇法智譯：《佛為首迦長者說業報差別經》（收入〔日本〕《大正新脩大藏經》VOL.1,NO.80。台北：中華電子佛典協會電子版，2010年2月）。

•〔天竺〕世親著，〔唐〕玄奘譯：《阿毗達磨俱舍論》（收入〔日本〕《大正新脩大正藏經》（中華電子佛典協會電子化）VOL.29,NO.1558）電子版。

•〔天竺〕護法等著，〔唐〕玄奘譯：《成唯識論》卷一（台北：佛陀教育基金會，2004年7月）。

•〔唐〕玄奘譯：《成唯識論》（台北：佛陀教育基金會，

2004年7月）。

- 〔唐〕玄奘譯：《藥師琉璃光如來本願功德經》（台北縣：財團法人靈鷲山般若文教基金會附設出版社，2007年7月）。
- 〔唐〕悟達：《慈悲三昧水懺》上卷（台北：佛陀教育基金會，2013年8月）。
- 〔唐．于闐國〕實叉難陀譯：《地藏菩薩本願經》（台北縣：世樺國際公司出版，2006年6月）。
- 〔唐．中天竺〕輸波迦羅譯：《蘇悉地羯囉經》卷中〈供養次地法品第十八〉（收入《大正新脩大藏經》第18冊。紙本來源：大正新修大藏經刊行會編，東京：大藏出版株式會社，1998年）。
- 〔宋〕志磐撰、〔明〕袾宏修訂：《法界聖凡水陸勝會修齋儀軌》卷一（台北：中華電子佛典協會收入《新纂續藏經》VOL.74,NO.1497，2009年5月）。

・〔宋〕惠能述，釋聖印譯：《六祖壇經今譯》（台北：天華出版公司，1982年10月）。

・〔宋〕釋元照：《四分律行事鈔資持記》（收入〔日本〕《大正新脩大正藏經》（中華電子佛典協會電子化）VOL.40,NO.1805）電子版。

・〔明〕一如等編著：《大明三藏法數》（收入《永樂北藏》第181-183冊。紙本來源：永樂北藏整理委員會編，北京：線裝書局，2000年。），台北：中華電子佛典協會打字整理。網址見：tripitaka.cebeta.org/p182n1615，2014年5月23日。

◎專書

・丁福保編：《佛學大辭典》（台北：佛陀教育基金會，2002年）。

・李炳南：《佛學問答類編（上）》（台中：青蓮出版社，2009年7月）。

・洪錦淳：《水陸法會儀軌》（台北：文津出版社，2010年7月）。

・陳郁秀：《百年台灣音樂圖像巡禮》（台北：時報出版公司，1998年12月）。

・釋心道：《大悲寰宇：如何修持大悲咒》（新北：財團法人靈鷲山般若文教基金會附設出版社，2013年12月）。

- 釋心道：《大悲壇城的升起：心道法師水陸開示》（新北：財團法人靈鷲山般若文教基金會附設出版社，2014年1月）。
- 釋心道：《成佛之道三部曲：心道法師開示選輯》（新北：財團法人靈鷲山般若文教基金會附設出版社，2010年11月）。
- 釋心道：《放下就是快樂：心道法師法語精選》（新北：財團法人靈鷲山般若文教基金會附設出版社，2013年12月）。
- 釋心道：《智慧華嚴：播撒無盡的成佛種子》（新北：財團法人靈鷲山般若文教基金會附設出版社，2013年3月）。
- 釋如本：《佛學問答》第一輯（台南：法王講堂，1996年6版）。
- 釋圓瑛：《大佛頂首楞嚴經講義》卷三（台北：慈雲山莊三

慧學處，1993年11月）。

・靈鷲山水陸研究編纂小組：《時間與空間的旅行》（新北：財團法人靈鷲山般若文教基金會附設出版社，2014年3月）。

◎其他

・慧炬雜誌編輯室：〈佛法名詞釋疑：我執〉，見《慧炬雜誌》第562期（台北：慧炬雜誌社，2011年4月），頁57。

・靈鷲山水陸法會網站：http://www.093shuilu.org/index.aspx，2014年5月23日。

國家圖書館出版品預行編目(CIP)資料

水陸奇緣：17 個生命大和解的故事 / 靈鷲山水陸研究編纂小組編著 . -- 初版 . -- 新北市：靈鷲山般若出版，2014.06
面；　公分
ISBN 978-986-6324-75-8(平裝)

1. 佛教法會

224.12　　103011330

水陸奇緣

——17個生命大和解的故事

總策劃　釋了意
編著　靈鷲山水陸研究編纂小組

主編　洪淑妍
責編　吳若昕
美編　張鈺苓
水陸畫提供　宓雄

出版發行　財團法人靈鷲山般若文教基金會附設出版社
地址　23444 新北市永和區保生路 2 號 21 樓
電話　（02）2232-1008
傳真　（02）2232-1010
網址　www.093books.com.tw
讀者信箱　books@ljm.org.tw
總經銷　飛鴻國際行銷股份有限公司
電話　（02）8218-6688

法律顧問　永然聯合法律事務所
印刷　東豪印刷事業有限公司

劃撥帳戶　財團法人靈鷲山般若文教基金會附設出版社
劃撥帳號　18887793
初版一刷　2014 年 6 月
定價　新臺幣 280 元
ISBN　978-986-6324-75-8（平裝）

靈鷲山書網